JN439558

남복희 수필집

당신의 새벽

당신의 새벽

남복희 수필집

1판 1쇄 인쇄/ 2023년 11월 20일
1판 1쇄 발행/ 2023년 11월 25일

지은이 / 남 복 희
펴낸이 / 우 희 정
펴낸곳 / 도서출판 소소리

등록 / 제300-2007-21호
주소 / 03073 서울 종로구 성균관로 5길 39-16
전화 / 765-5663, 010-4265-5663
e-mail: sosori39@hanmail.net
www.sosori.net

값 13,000 원

*잘못된 책은 바꿔드립니다.

ISBN 979-11-5891-191-1 03810

당신의 새벽

남복희 수필집

책을 내면서

이른 새벽은 저에게 꿈을 갖게 하고 새로운 일을 보여주는 창작교실입니다.

말없는 어머니의 미소처럼 안으로 감싸고 지켜주던 고향, 수필의 집에서 10년 가까이 계절마다 적어본 발자취를 한데 모으니 먼 곳을 여행하는 기분입니다.

스무 해 전 찾아간 수필 교실에서 새로운 글쓰기 세상의 따뜻함을 알고 계속 한길로 걸어온 올해 2023년은 나에게 의미가 깊습니다.

오랜 학교생활, 퇴임 후 만난 수수문학, 창수문인회에서 책임 맡았던 일, 새로이 문을 연 종로수필교실에서의 따뜻한 문우와의 교제 등 수필과의 인연으로 좋은 이웃을 알게 된 긴 시간들이 어제이듯 고맙고 편안해집니다.

조용한 시간 찾아오는 햇살무늬와 눈맞춤하며 가볍게 글을 적는 행복한 사람이 되겠습니다.

수수한 글에 고운 눈빛으로 책을 꾸며주신 출판사님께 감사드립니다.

2023년 늦가을에

남복희

1. 기억의 저편

2. 꿈이 익어가는 시절

3. 마음에 색칠하기

4. 도시 속의 섬

1.

기억의 저편

내가 나에게 선물한 하루

오늘은 금요일, 오랜만에 한가로운 날이다. 며칠 전 삼청동에 갤러리와 샵 오픈 행사가 있었다. 관심 있는 분야이고 해서 참석하고 싶었는데 일이 겹쳐 먼저 일을 보느라고 가지 못했다. 오늘은 마음먹고 집을 나섰다.

익숙한 안국역에 내려 걷기 시작했다. 겨울이고 점심시간이라 길에는 사람이 많지 않았다. 기웃 기웃 좌우를 살피며 흥미롭게 걷는다. 간판도 보고 간판의 그림도 보면서. 외출할 때의 친구인 모자를 쓰지 않아 추운감도 들고 허전해서 가게 앞에 내놓은 모자 몇 개가 보인다. 가게에 들어가 초록과 벽돌색이 섞인 손뜨개 모자를 써본다. 작은 듯하나 색이 고와 마음에 들었다. 주인은 나이에 맞는 어둔 색 등을 권했으나 보지도 않고 감색에 빨강 파랑이 줄무늬로 섞인 모자를 고르자 화려한 걸 좋아한다고 웃는다. 스케이트 선수모자처럼 꼭 맞는 초록모자가 마음에 들어 그 자리에서 쓰고 나왔다. 기분이 좋아지고 있었다.

조금가다 가방점이 보였다. 공작 색과 번쩍이는 검정 가죽이 어울리게 배치된 가벼운 소재의 백 구경을 하고 있으니 안으로 안내한다. 배낭종류도 많고 액세서리도 많았다. 멋진 핑크와 회색이 섞인 목걸이와 반지가 있었다. 색이 고왔다. 보통 때는 거의 사용하지 않으나 구경할 때는 자주 눈이 가는 것이 목걸이와 반지다. 제일 비싼 것을 보았다고 한다. 색이 고와 하마터면 살까도 했다. 위기를 모면하고 밖으로 나왔다.

젊은이들이 모여들기 시작했다. 작은 상점, 음식가게, 커피집 등 구경거리가 많다. 추워지고 눈발이 날리기 시작한다. 멈출 것 같지 않아 싼 물건 파는 곳에 들어갔다. 가벼운 머플러들이 죽 늘어섰다. 실크로드 여행길에 보았던 어수선한 그림과 색들로 만들어진 것들이다. 그중에서 가장자리를 연녹색으로 처리한 니트 목도리를 집어 들고 우산도 샀다. 우산은 단색이 없고 무지개 색으로 어린이용처럼 조각으로 이어진 긴 우산이다.

흰 눈이 마음먹고 내린다. 펑펑 내리니 기분이 좋고 아이들 마음이 된다. 샤갈의 '마을에 내린 눈' 풍경이 떠오른다. 한편으론 목적지에 가지 않았는데 귀가길이 걱정되어 집으로 갈까 생각도 해봤다. 모처럼 굵은 비처럼 퍼붓는 눈 오는 시간을 즐기기도 했다. 다행히 택시가 와서 타고 금방 내렸다. 좌우 살피다 때를 놓친 점심 먹을 곳을 찾던 중 '서울에서 두 번째 잘하는 팥죽집'으로 들어갔다. 아주 오랜만에 왔더니 낮은 집의 문짝도 단정하게 바꿨다. 안은 그대로이고 좁은 공간에 의자는 많았다. 친구끼리, 동호인 남녀들의 풍부한 화제로 가게 안은 따뜻했다. 그릇도 바뀌었다. 일본식 뚜껑 있는 칠기 공기에 뜨거운 팥죽이 나왔다. 삶은 밤 조각과 찹쌀떡과 맨 위에 뿌려진 계피가루 향이 일품이다. 맛있게 먹고 값을 물으니 차 한 잔 값이다. 예전에는 값에 비해 양이 적게 느껴졌는데 눈 오는 날이어서인지 값이 싸게 느껴졌다.

밖으로 나와 거리를 살피니 내가 가고자하는 곳이 바로 보였다. 새로 꾸민 티가 난다. 가게 앞 나무 데크 테라스에 마술쇼 하듯 유리기구 안에서 길게 불길이 타고 있는 모양이 이색적이다. 안으로 들어가니 적당한 공간에 그림들이 보기 좋은 스탠드 식으로 선보인다. 멋진 회색장이 보이고 중간 중간 흰색 칸막이에 앙증스러운 그림액자가 있었다. 프랑스 영국

등지에서 활동하는 젊은 작가의 작품들이라고 소개를 한다. 마침 몇 해 전부터 알고지내는 여자대표가 꿈꾸는 듯한 표정으로 눈인사를 한다. 평소 즐겨 입는 검정색차림의 의상과 어울리는 모습이다. 미술잡지 기자와 인터뷰 중이었다.

그림은 엽서 크기부터 차례로 4종류가 가격을 명시하고 저자소개, 사인이 있는 작품으로 다양했다. 연두색, 주황색, 모과의 누런빛, 카키색 등 보라색이 펼친그림, 만화처럼 익살스러운 그림들로 풍성했다. 연보라색 셔츠와 조끼를 입은 부드러운 표정의 직원이 커피를 가져온다. 주황색 타이를 한 정장차림의 직원이 방문자에게 어울릴 듯한 그림을 열심히 보여준다. 밝은 핑크와 비둘기색이 부분적으로 입체감이 있는 조그만 액자가 마음에 들어 구입했다. 친구처럼 가져간 책 한 권은 맛있는 커피를 준비한 분께 드리고 밖으로 나왔다.

모자를 고르고, 차마고도에서 봄직한 어수선한 목도리, 눈오는 날 외출한 방랑자의 마음을 대신한 무지개우산, 좁은 장소에서의 단팥죽, Lee Hering이라는 젊은 작가의 심상을 표현한 작은 그림 한 점을 구입했다. 오늘은 오랜만에 내가 나에게 선물한 즐거운 하루였다.

비닐 한 장의 온기

봄이 기다려지는 2월 어느 날 아침, 창밖 베란다에 붉고 고운 동백꽃 한 송이가 사뿐히 내려앉았다. 재활용 상자에 쌓인 각종 비닐봉지 위에 떨어져 어린애처럼 웃고 있는 모습에 깜짝 놀랐다. 근래 전시회 등에서 본 그림보다 훨씬 새로운 느낌이 들었다. 삭막한 겨울, 붉은 꽃으로 우리를 환하게 해 주더니 나무에서의 생이 끝나고 툭 지고 나서도 옛 모습 그대로를 지니고 있으니 가히 꽃 중의 꽃이다.

동백을 바라다보는 맞은편 베란다에는 늦가을 생일날 받은 한아름 꽃바구니가 있다. 보라색, 미색, 연분홍색 꽃들이 모여 은근하고 화려하다. 활동적이고 멋진 연출을 잘하는 막내딸 솜씨다. 가족의 정다움을 오래 보려고 서늘한 베란다에 두었다. 갑자기 추운 날 베란다에 있던 화분들은 축 늘어졌지만, 비닐 한 장의 옷을 입은 내 생일 꽃바구니는 눈을 껌벅거리며 살아있었다. 고마웠다. 작은 따뜻함이 생명을 보듬어 살린 것을 보니 깨달음이 왔다. '어려운 이웃에게 착한 미소, 손잡아줌. 따뜻한 말 한마디가 사람을 살리는 것이라'는.

바쁘게 살다 보면 놓치기 쉬운 것이 많다. 집안에 꽃들이, 소소한 물건들이 저마다의 모습으로 우리의 생각을 일깨우고 있다. 다음은 비닐 한 장의 따뜻함을 오래 기억하려고 적어본 글이다.

> 어느 날 선사 받은 아름다운 꽃바구니
> 가족 닮은 꽃송이가 환하게 웃고 있다
> 추운 날 비닐 한 장의 온기로 고운 숨을 쉬고 있다.

글을 적으며 문득 우렁찬 목소리의 주인공이 떠올랐다. 오래전 창작수필 문인회에서 등산모임을 만들었다. 2개월에 한 번씩 가까운 산이나 둘레길을 걸으며 서로의 정을 나누었는데 규칙적으로 운동을 하지 않는 나는 높지 않은 곳인데도 함께 오르다 도중에 내려온 적이 있었다.

함께 간 문우 중 고향이 남쪽이고 광주에서 학창 시절을 보낸 우렁찬 목소리에 봉사정신이 강한 분이 있었다. 편하게 내려오지 못하는 모습을 보고 손을 잡아 주어서 그런대로 안전하게 하산한 적이 있었다. 선뜻 손 내밀어 도와주지 않았으면 시간도 걸리고 불편했을 것이다. 동향으로 대화의 공통점도 많았던 그 분은 몇 년 전부터 몸이 아파서 문우회 등산모임 출입을 못하고 있다. 선뜻 내밀어 준 손의 고마움을 잊을 수가 없다.

자신의 몸은 돌보지 않고 봉사활동과 사회공익활동에 전념해서일까. 하지만 한 달에 한 번쯤 전화로 안부를 전하시는 분이다. 마음 같아서는 직접 찾아가 한 번 뵈어야 하는데 실천을 못하고 있다 오는 소식에만 반갑게 답하고 전화 속의 음성이 밝으면 안심이 되곤 했는데, 요즈음에는 우렁찬 음성이 약해지고 짧게 전화를 끊는다. 회복되면 소식 전하겠다고 하면서.

나는 지금 누구엔가 손 한 번 내밀어 주며 비닐 한 장의 온기 역할을 하고 있는지 돌이켜 본다. 비닐 위에 떨어진, 아직은 생생한 동백꽃 한 송이를 바라보면서.

쇼나 엄마

오랜만에 수더분하고 편한 요정이 우리 집에 왔다. '쇼나 엄마'다.

5월 어느 날 아프리카 쇼나 조각전시에서 가져온 조각품 '외출'이다. 사방 25센티 까만 돌 받침에 서 있는 20, 20, 35 크기의 돌 조각품이다. 전체의상은 맑은 회색이고, 얼굴과 손은 반질반질한 까만색이다. 까만 얼굴은 고양이와 호랑이를 닮았다. 풍성한 가슴과 어깨는 많은 아이들을 잘 건사하는 시골엄마의 다부진 모습이다. 허리끈을 꼭 동여 맨 파도모양의 치마는 시골양장점에서 만든 웨딩드레스 같다.

넓적한 검은 손은 다른 사람 눈치 안 보는 우직한 손이다.

그래서 정이 간다. 만져본다. 한 손에 든 그물 같은 가방도 멋있다. 쇼나 엄마의 치마는 가끔 실밥이 터져서 안감이 보이는 듯하다. 잘못 보면 조각이 깨진 것처럼 보이나 무결점 기성복보다 인간미가 있다.

그래서 가족으로 데려온 쇼나 엄마다. 현관입구에 두었다가 깨질까 봐 우선 거실 책장 앞에 두었다. 어느 곳에 있던지 당당하게 서 있다. 시간나면 멀리서도 보고 손도 만져보고 어깨도 만져본다. 까만 얼굴 빼놓고는 신경이 안 가서 편하다.

전시회에서 조각품을 구입한 것은 처음이다. 새로 꾸민 갤러리에서 아프리카 짐바브웨 수도 하라레 출생 여성 쇼나조각가인 colleen madamombe(1964~2009) 작품발표가 있었다. 전시장에는 세계 공통 감성주제인 어머니의 푸근함과 강인함을 독특한 표현으로 잘 담아낸 작품이 있었다.

여성의 일상적인 삶에서 볼 수 있는 아이와 엄마의 모습, 바구니 들고 시장 보는 모습의 어머니의 푸근함과 유머스런 모습의 작품들이 많았다. 입구 유리장 안에 있는 작은 키의 쇼나 엄마가 마음에 들었다. 어린 시절 엄마의 젊은 얼굴이 떠올라서 점을 찍었다.

오래된 사진첩에서 가끔 즐겨보는 사진이 있다. 어릴 적 외갓집에서의 엄마 모습이다. 설날이 지난 어느 날, 막내 외삼촌이랑 시내에서 가까운 매산등엘 가서 사진을 찍었다. 검은 코트에 금방 만져본 듯한 촉감의 갈색 머플러를 목에 두르고 파마머리를 한 젊은 엄마의 꼭 다문 입과 자신 있는 얼굴에서 강인한 소박미를 느꼈다. 외갓집의 많은 식구들과 어린 딸을 잘 보호하려는 장녀로서의 책임감이 쇼나 엄마의 얼굴과 겹쳐진다.

또 다른 사진을 보면서 새로운 모습의 시어머님을 알게 되었다. 가족을 알뜰히 보호하시는 모습에서 배울 점이 많았지만 세월이 지나고 시어머님이 가신 지 스무 해가 되고 보니 사진 속의 꼭 다문 입매는 가족을 지키려는 강인함을 보이신 모습이 쇼나 엄마와 통한다.

이제껏 아름다움을 느낀 경우는 훌쭉한 몸매에 욕심 없는 얼굴, 약간 그리움이 배인 이미지를 생각했는데 이번 쇼나 엄마조각을 보고 달라졌다. 순한 호랑이를 닮고 넉넉한 얼굴에 꼭 다문 입, 풍성한 어깨와 몸에 우직한 손, 당당한 옷차림과 소품이, 남의 시선에 무신경한 듯한 사랑스러운 시골의 아낙네를 떠올린다.

오래전에 가신 친정엄마의 젊은 사진, 많은 가족을 정성으로 뒷받침한 시어머님의 강인한 생활력 등이 겹쳐서 쇼나 엄마는 진짜 가족이 집에 온 느낌이다. 있는 듯 없는 듯하며 있을 곳에 당차게 계심으로 가족이 원할 때 언제나 푸근한 손을 내줄 것 같고, 건강한 모습으로 살아가는 푸근한 엄마의 전형이다.

쇼나 엄마, 친정어머니와 시어머니를 보듯 거실 책상 앞에 모셔놓고 오래 오래 같이 살 생각이다.

기억의 저편

자두가 먹고 싶다는 손자의 말에 부리나케 사들고 온 아들을 보니 옛 생각이 난다. 젊은 시절, 아이들이 어리고 함께 사는 시동생들이 많은 대가족에서 살 때다. 간식 살 때 젊은 아낙은 호떡도 조금 사오니 속 깊은 장남은 말없이 안 먹고 있었다. 그때는 호떡을 싫어하는 줄 알았다. 다음번 살 때는 많이 사오라며 잔돈을 쥐어준다. 모란꽃 그려진 양은쟁반에 가득 붕어빵을 풀어놓으니 집는 손들이 바쁘다. 속 넓은 장남도 웃으면서 즐겨 먹는다. 소꿉장난감처럼 사왔던 날들이 미안했다.

여름철 복숭아도 씻어 한 쟁반 껍질째 놓고 먹었다. 겨울이면 시골서 보낸 물고구마도 한 솥 쪄서 소쿠리에 놓고 먹고, 여름이면 칼국수도 한 솥 끓여 넉넉하게 먹고 나면 마음이 푸근했다. 그래, 그때가 좋았다.

좁은 골목에 면해있는 단독에 살 때 여름이면 고구마줄기를 몇 다발 사서 껍질 벗기고 소 양 등 국거리를 넣고 끓이면 이열치열이었다. 복날이 오면 양은솥에 닭 한 마리 손질해 넣고 대파도 한 다발, 마늘 한 공기, 찹쌀 한 주머니 넣고 끓인다. 뽀얀 국물이 우러나면 온가족이 둘러앉아 땀 흘리며 먹던 기억을 떠올리면 지금도 힘이 난다.

그 중심에는 큰 눈에 조그만 입술을 꼭 다무신 시어머님이 계셨다. 함께 살면서 아이 키우기, 어려운 살림에 시장 보는 법도 배우며 시댁의 가풍도 즐겨 말씀하시던 어머님은 지혜로운 스토리텔링 강사셨다.

나이보다 젊고 예쁜 옷도 좋아하시고 집에 오시는 고향분과 친척에게도 극진하셨다. 젊을 적에는 그 모습이 허세처럼 보였다. 현실에 맞게 달라져야 한다고 속내를 보이곤 했다. 세월이 지나고 보니 그 시절 아이들 아빠와 어머님이 보이신 모습에는 따뜻한 인간미가 있었다. 사람이 무엇보다 귀함을 나타내신 것이다.

인간적인 너무나 인간적인 어머님과 아이들 아빠가 가신 뒤에 아이들이 짝을 맞춰 결혼을 할 때면, 주위에서 하는 말이 먼저 가신 분이 하늘에서 도와주신다며 손을 잡아주었다.

세월도 그렇고, 우리의 삶도 보이지 않는 띠처럼, 공기처럼 연결되어있다.

공생, 더불어 살기다. 마음을 넓게 서로 서로 도와 가는 것이 삶이다. 손자의 자두 간식에서 옛날을 돌이키니 오랜만에 그때로 돌아가는 느낌이다. 흐뭇한 기억의 저편이다.

행복한 기억

포근한 봄날이다. 마음정리 1순위는 서랍 정리다. 옷 서랍에서 오래된 붉은색 양말이 보인다. 그동안 잊고 지낸 친구 같다. 모양은 헐거워졌지만 아직 신을 수 있다. 마음이 울적할 때 신으면 기분이 좋아진다.

정리하면서 오래된 것, 낡은 것, 그만 보관하고 싶은 것이 있으면 벼룩시장으로 보낸다. 예외가 있다. 가족이 선물한 것은 오래된 물건이라도 버리지 못한다. 가끔씩 보면서 옛날을 기억하고 힘을 얻는 영양소가 된다.

시간이 나면 구경하기를 즐긴다. 물건 살 때 빨리 결정을 못해 가볍게 살 수 있는 양말, 손수건, 스카프 등을 즐겨 사는 편이다. 부담 없는 가격으로 마음을 담는 물건이 소품이다. 가지고 있는 소품으로 주인의 성격이나 취향도 알 수 있다.

주황빛으로 기억에 남는 일이 있다. 서태지 노래가 유행이던 90년대 초 K여고 근무시절이었다. 초가을 자켓이 귤색이었다. 노칼라에 허리선이 들어간 튜닉이다. 금박테두리 단추가 눈에 띄는 옷으로 보랏빛 추상 무늬가 있는 잔주름치마와 어울렸다. 입기 전에는 촌스런 색이라고 생각 했는데 무심한 듯한 내 얼굴과 어울렸다.

어느 가을, 발랄한 여고 1학년 담임일 때 새로 준비한 귤색 재킷을 차려입고 오랜만에 커다란 이어링까지 하고 교실에 들어갈 때는 용기가 필요했다. 많은 박수를 받으면서 얼굴이 불그레했다. 장난기 있는 학생이 "3호선이요" 하면서 숨었다. 신설노선인 지하철 3호선의 컬러가 주황이었다. 모두 크게 웃으며 분위기가 햇살이었다.

오래된 사진첩을 보면서 행복한 기억이 떠올랐다 오래전 넷째 시동생 결혼식 때다. 세 동서의 한복이 각기 달랐다. 연분홍 양단은 셋째동서, 꽃분홍 실크 한복은 둘째, 잔잔한 나비가 날고 있는 주홍색 실크 한복은 맏동서인 내 것이다. 시어머니도 꼿꼿하시고 시동생들도 건강한 그 시절이 참 좋았다. 자녀들은 어렸지만 꽃 같은 시절이었다. 한창 바쁘게 움직일 때라서인지 사진 속 내 얼굴에도 긴장감이 배어있었다.

세월이 훌쩍 지나서 우리 집에는 오렌지 소년이 왔다. 다시 꽃밭이다. 운동과 피아노를 좋아하는 형과 달리 오직 그리기와 만들기만을 편하게 생각하는 둘째 손자다. 어릴 적 형은 녹색, 동생은 주황색 컵을 사용하게 했더니 계속 주황을 좋아한다. 옷을 고를 때도, 그림을 그릴 때도 주황색이 꼭 등장한다. 웃는 모습도 햇살 닮은 주홍빛이다. 속 깊은 큰손자에 빠졌던 내가 지금은 오렌지 소년에게 푹 빠졌다.

서랍 정리하는 할머니 옆에서 오늘도 선물상자를 만들고 있는, 아니 행복한 기억을 만들고 있는 햇살소년을 보면서 '그래, 살아가는 것은 행복한 기억을 만들어 가는 것'이라고 따뜻한 미소를 보낸다.

지울 수 없는 풍경, 풍경들

이른 아침이다. 스마트 폰을 켜니 카톡 사진이 떠오른다. 빨강, 노랑, 풀색, 남빛 비치파라솔 상단부가 평생의 바람처럼 펄럭이고, 그 아래 먼 곳을 바라보는 모자 쓴 옆얼굴이 나타난다. 배경에는 높고 파란 하늘, 흰 구름이 무대장식처럼 온 하늘을 덮고 있다. 사진 속의 풍경은 뉴질랜드 piha beach다.

지난해 겨울, 모처럼 손자와 둘이서 이곳 뉴질랜드 딸네 집을 방문했다. 6인 가족이 첫 번째로 찾은 곳이 오래전 영화 '피아노'의 무대로 유명한 해변 Piha beach다. 넓은 해변에 피아노가 있고 우수에 젖은 여주인공의 눈빛과 고풍스런 의상이 기억에 남아있다.

가져온 김밥, 유부초밥을 먹고 아이들은 수영선수처럼 바다로 갔다. 여행기획자인 딸은 주변 풍경담기에 바쁘다. 새로 준비한 무지개 비치파라솔은 접이식 의자에 꽂았는데 바람이 많이 불어 어느 틈에 모래언덕 위로 날아가고 있었다. 당황한 어른들은 무겁게 움직이는데 해변에서 둥글게 모여 비치볼 놀이를 하고 있던 파란 눈 어린 여자아이들이 상큼한 목소리로 소리 지르며 가볍게 뛰어간다.

끝까지 재빠르게 따라 가더니 파라솔을 바람개비처럼 잡고 환하게 웃으며 가져다준다. 같이 있던 젊은 엄마들도 응원하며 서 있었다. 보통 때 학교에서, 가정에서 배운 대로 행동하는 천진한 아이들, 아직 분홍 볼이 귀여운 아이들의 서슴없이 도움 주는 모습을 보며 거리감 없는 따스함을 느꼈다. 지울 수 없는, 이번 여행에서의 좋은 풍경1호다.

바다 빛이 곱고 파도가 그림이다. 가까운 곳을 보고 있으니 풀색에 은빛이 섞인 키 큰 풀들이 모여 있는 모래 언덕에 은빛머리 노부부가 나비처럼 앉아있다. 먼 곳을 하염없이 바라보고 있는 노부부는 가식이 없고 가벼운 소풍 오듯 그림처럼 앉아있었다. 마음에 들어왔다. 오랜 시간 동행한 노부부가 빛나는 명화처럼 보이는 까닭은 뭘까? 멋진 풍경이 많은 바닷가에서, 은빛 노부부를 보고 있는 내 모습을 카메라에 담은 사람이 우리 막내딸인지 사위인지 모르겠다. 이번 여행에서 손꼽고 싶은 풍경2호다.

파도가 밀려가고 물이 빠진 산 가까이 있는 해변은 진흙처럼 단단했다. 혼자 걸었다. 비치타월 한 장에서 휴식을 취하는 사람, 단체로 모여 토론하는 사람들, 갑자기 먼 곳에 삼각형 화성인간이 서 있는 것 같았다. 기구인지 사람인지 구분이 안 간다. 조금 있다 요란한 삼각형 얼굴이 움직였다. 가오리연이었다. 멀리서 가는 실을 감으며 풀고, 가오리연은 하늘에서 춤을 춘다. 반가웠다. 어릴 적 본 광대얼굴이었다. 친근한 한국인을 본 듯했다. 풍경3호다.

멀리서 파도가 몇 겹으로 밀려오고 수면이 거울처럼 잔잔한 바닥을 걸으며 생각에 잠긴다. 오래전 눈 쌓인 학교운동장에 이름을 적으며 좋아했던 일, 섬마을 학교 앞 모래사장에서 아이들과 즐겁게 놀이했던 일이 겹친다. 사는 것도 유치한 것이 좋은 것 같다. 머언 이국의 드라마틱한 해변을 그냥 갈 수가 없었다. 한 해 동안 마음에 남아 있는 단어도 적어보았다, 혼자 웃으며. 구름으로 덮인 하늘, 끝없이 펼쳐진 해안을 거닐었다. 비록 수영은 못했지만 벅찬 풍경으로 즐거운 하루다. 자연과의 대화가 무궁무진한 이곳으로 온 우리는 너무너무 행복했다. 풍경4호다.

위대한 자연 앞에 오니 아주 작은 부분이 되는 인간의 모습을 보게 된다. 무지개색 파라솔, 나비부부, 가오리연, 섬마을에서의 추억 등을 불러온 piha beach는 새로운 마음밭이 된 아름다운 풍경, 풍경들이다.

그랬다. 그 풍경 1, 2, 3, 4호는 내 마음밭에 그린, 지울 수 없는 아름다운 수채화다. 그래서 뉴질랜드의 piha beach는 영원히 잊을 수 없는 나의 바다가 되었다. 그리움이 되었다.

무라와이 해변에서

올해는 여름이 빨리 와서인지 바다가 그리워진다. 동해의 겨울바다, 남해의 봄바다, 서해의 회색빛 바다를 으뜸으로 알고 있는 나에게 변화가 왔다. 지난해 한 달 휴가로 떠난 뉴질랜드의 표현하기 어려운 푸른 바다의 추억은 흰 구름과 함께 나를 꿈꾸게 한다.

1월초, 뉴질랜드 한인 교회에서 주일 예배를 마치고 딸네 가족과 오클랜드 동쪽 무라와이 해변(Muriwai beach)으로 갔다. 높은 곳에서 본 해안은 그림이었다. 망사 같은 하얀 파도가 여러 겹으로 펼쳐지고 세찬 바람에 거친 파도가 몰아치듯 달려든다. 검은 모래사장에서 본 모래언덕은 사막의 신기루처럼 멋있었다. 자연의 신묘함을 알고는 있었지만 이곳에 오니 모든 것이 신기하다.

해안선 서쪽 산으로 오르는 길도 또한 구불구불 자연스러웠다. 한참 오르니 노랑머리새(가넷) 관람터가 있었다. 기암절벽 위 넓은 곳에 가넷이 자리다툼 없이 사열하고 있었다. 요즘 젊은이들 사이에서 유행하고 있는 총알이 촘촘하게 박힌 커다란 백 같기도 하고 아파트 모형이 꽉 찬 시범단지 같기도 했다. 자연이 아니면 볼 수 없는 이 모습, 줄 그은 것도 아닌데 그 많은 노랑머리새들이 부딪치지 않고 앉아 있었다. 어디를 갔다가 오더라도 제자리를 찾는다.

깊고 푸른 바다 위로 낙하하며 공중으로 비행하는 새들의 모습을 보며, 문득 여고 시절 마스게임 연습할 때 선생님의 구령에 맞춰 일부 학생이 움직이고, 다음 지시에 또 다른 학생들이 움직이며 체육대회 날은 전체적으로 멋진 군무를 선보이던 광경이 떠올랐다. 노랑머리새들도 어미새의 시범훈련으로 어려운 비행을 자연스럽게 하고 있지 않은가?

신이 만든 비경 속을 구경하는 군상들, 그들의 피부가 검고 희고, 몸체가 크고 가늘고, 나이 들고 어리고는 문제가 아니다. 맨발로 산을 오르는 사람도 많고 신발도 다양하다. 자연의 일부로 살아가는 것을 배운다. 이곳 여행에서 얻은 깨달음이다.

점심때가 되어 산에서 내려와 숲속에서 간식을 먹었다. 풀밭공원에는 가족끼리 피크닉 온 사람이 많았다. 샌드위치 재료를 가져와 즉석에서 만들어 먹으며 한가롭게 즐긴다. 자연스럽게 책을 보며 앉거나 눕기도 한다. 외국잡지에서 본 익숙한 풍경들이다. 숲이 우거진 공원에는 휴지 한 장 날아다니지 않는다. 깨끗한 환경에 동화된 이곳사람들이 여유롭고 행복해 보였다.

놀이터에서는 걸음마를 배우는 어린애를 돌보는 아빠, 사랑스럽게 쳐다보는 젊은 엄마의 얼굴표정, 주위사람에게 부담을 주는 일이 없이 조용하고 차분한 행동들에 관심이 갔다. 단란한 가족의 소중함을 새삼 느꼈다. 여행은 풍경만 보는 게 아닌가 보다.

저녁시간이 되었다. 한창 먹을 때인 손자들은 외식을 하자고 조르는데도 알뜰한 젊은 엄마는 집 밥을 추천하며 아이들을 달랜다. 아이스크림으로 잠시 피하며 운전에 속도를 내는 젊은 아빠도 미소 짓는다. 집에 와서 봉평 메밀국수를 삶고 삶은 계란과 어슷썰기오이를 얹고 시원한 메밀국수를 만들어 먹었다. 며칠 전에 직접 담근 부추김치와 깍두기를 곁들여서 아주 맛있게. 부지런하고 센스 있는 막내딸을 보며 시어머님

생각이 났다. 어릴 적 할머니께서 칼국수 준비할 때 얼굴에 밀가루까지 묻히면서 거들고, 지금도 여름이면 할머니의 부추 김치 맛을 기억하는 막내는 살림꾼이다. 말수는 적으나 배려심이 많고 아이들 잘 돌보는 사위와 어울린다고 느꼈다.

어릴 적부터 책을 좋아하고 운동도 좋아하는 막내의 큰애와 둘째가 "아빠, 아빠아" 부르는 소리, "고모, 고모부" 하며 잘 따르며 노는 큰손자를 보며 뉴질랜드에서의 휴가는 특별한 선물이라 생각했다. 가끔 한적한 서울집이 그립고 달빛손자가 보고 싶지만 낙원 같은 이곳에서 재충전하고 서울 집에 가서 계획한 대로 알뜰하게 살아볼 작정을 했다.

뉴질랜드 무라와이 해변(muriwai beach)에서 노랑머리새의 자기자리 지키기, 공원의 한적함, 놀이터에서 본 가족의 소중함, 변화있고 시간활용 잘하는 젊은 부부의 알뜰함 등등, 떠남은 항상 설렘이고 그리움이며 또한 새롭게 배우는 것이다. 해서, 다시 떠남을, 다시 바다를 꿈꾼다.

오늘도 외출을 꿈꾼다

아침에 일어나 물을 끓이고 차를 마신다. 커피잔을 들고 창밖을 보면서 생각에 잠긴다. 오늘의 외출지도는? 마음은 벌써 이미지 교실을 향하고 있다. 오랫동안 미의식 강의를 듣고 있는 '화요 미술' 외출이다. 오래된 커피잔에 맨발의 수선화 꽃이 떠오르기도 한다.

하지만 오늘은 집에서 서랍 정리를 한다. 얼마 전 발을 다쳐서 제한외출 중이다. 그동안 소홀히 한 신문 스크랩부터 다시보고 정리했다. 새로 나온 책, 전시중인 그림 팸플릿, 오랫동안 모아둔 초록시인의 글 모음을 노트에 옮기는 일, 여고동창이 보낸 정다운 편지를 다시 보며 추억여행을 하고 있다.

5월 말, 집을 옮긴 친구의 초대로 집에 갔을 때 거실 한쪽에 여주인의 젊은 시절 사진이 마음에 들었다. 자연스런 컷트 머리에 밝은 자줏빛 블라우스 사진은 정말 예뻤다. 주방 옆 작은 창이 보이는 자리에 아주 작은 동그란 액자에 넣어둔 사진들도 기억에 남는다. 가까운 친구 다섯이 모여 부담 없는 대화로 모처럼 즐거운 외출 한때를 보냈었지.

책장 정리하면서 월말에 있을 벼룩시장을 떠올린다. 이번에는 가지고 나갈 물건이 없으면서도 가고 싶은 거다. 벼룩시장 외출이다. 아직은 더 쓸 수 있는 인조 가죽가방과 패브릭가방 몇 개 꺼내고 멀쩡한 새옷인데도 무늬가 일본 장도 끝을 닮은 것 같이 날카로워 입기 전부터 거부감이 드는, 충동구매한 홈웨어도 있다.

5월 초, 비가 많이 오던 날, 외교관부인들의 자선바자행사에 여고동창끼리 참가하여 비가 많이 오는데도 열심히 구경하고 고른 것이다. 같이 간 친구가 하나 더 사고 싶어 했는데 무니를 살펴봤으면 양보할 걸, 그땐 색이 좋은 것 같고 하나라도 무얼 사야한다는 마음에서 빨리 잡았던 것이다.

홈웨어용 원피스는 내 체질에 맞지 않은 것 같다. 신혼 초에 멋쟁이 이모가 양장점에서 맞춰준 긴팔 홈드레스 2벌도 방, 부엌 등 문지방 높이가 다른 오래된 한옥인 시댁에서 바쁜 며느리 옷으로는 어울리지 않았다. 바지와 티셔츠, 입고 편한 것을 즐기다보니 롱스커트나 원피스도 내 옷처럼 느껴지지 않았나 보다. 지금 생각하니 충동구매한 옷은 금방 싫증이 나고 벼룩시장 물건이 된다. 언제까지 진행될지 모르나 아직은 이어질 것 같다.

곧 6월 벼룩시장이 선다. 6・25날이다. 어릴 적에는 모르고 지나고 조금 커서는 6월이 오면 사진 속의 아버지의 모습을 그리워하는 아이가 되었다. 대학 시절 CCC(대학생선교회)에서 여러 면으로 보충되는 시절을 갖고 살아가는 가치를 굳게 잡게 되었다. 이어지는 직장생활, 가정생활의 분주함과 별 탈 없이 자라는 아이들이 신기하고 알뜰한 시댁에서의 정겨움 등으로 시린 6월의 하늘을 잊고, 학교생활에서 풋풋한 학생들과의 만남으로 행복한 시절, 행복한 외출이었다.

퇴직 후의 새로운 탐색인 글쓰기, 미학강의 등은 나를 힘있게 했다. 함께한 친구들의 다양한 모습에서 어울림을 배우고 살아가는 즐거움을 나누게 되었다. 그중에서 우리 아파트 벼룩시장 외출도 한몫 했다. 계절변화, 판매자 구매자의 의상관찰, 구경나온 가족의 형태 등 내가 가지고 나온 물건은 덤이고 구경이 주목적이다. 벚꽃이 흩날릴 때는 천상의 나비가 지상으로 날아드는 착각도 든다. '나의 꿈'을 표현한 여학생의 스티치 그림액자를 진열해 놓고 손님을 기다리는 나의 모습을 떠올리니 지금도 재미있다. 학교 재직 시 받은 힘이 퇴직한 지금까지도 효력이 있다.

약간 무모한 듯했으나 꿈을 알게 하는 표현방법으로 스티치 그림(stitch art)은 중요하다. 거기다 30자 이내로 배경설명도 적어보게 하였더니 발랄한 아이디어가 많았다. 그 당시 전시했던 작품들을 사진으로 남겨두었으니 다행이다. 가끔 보면서 즐거운 회상을 한다. 꿈 여행을 한다.

내가 평생 그리워하고, 하고 싶은 일은 나의 꿈이다. 글로, 그림으로 바느질(stitch)로. 꿈을 표현하는 일 그리고 그리며 찾아가는 길이다. 꿈은 어릴 적에만 있는 것이 아니다. 막연하게나마 어릴 적에 시작하여 생이 다하는 날까지 꿈꾸며 살아가는 것이 아닌가. 10대 20대 중년 등 사람들과 만나는 곳에서 책을 보며 영화 연극 TV드라마의 풍경들도 우리의 꿈꾸기를 도와준다.

30대에 있었던 일이다. 첫아이 유치원 입학 시 부모가 바라는 아이의 꿈을 적는 난에 '글쓰기', '그림그리기'라고 적었는데 실은 엄마의 꿈을 적은 것이다. 그 시절 아이가 어른이 되어 손자가 태어나자 그림그리기 등의 꿈을 키워주며 바르게 표현하기를 가르치는 모습을 보며 나의 꿈이 이어지는 것도 보았다. 알 수 없는 꿈을 찾기 위해 다방면의 노력을 하는 것 그 자체가 바로 행복이다.

오랜만에 주어진 여유시간에 나를 되돌아보고 삶을 간소화하는 방법, 우선순위를 정해보는 나의 일, 주변에서 일어나는 일을 보고 나의 길도 정비해보려는 마음 등 사는 것이 녹록치만은 않다. 하지만 오랫동안 꿈을 꾸며 찾아가는 꿈길을 위해, 건강한 외출이 이어지기 위해 오늘도 플랜을 세운다. 나를 비우고 나를 찾기 위해 오늘도 외출을 꿈꾼다. 내일 아침에도 커피 한 잔 마시며 가벼운 외출준비를 할 것이다.

하기사 살아가는 것이야말로 부단한 외출 그 자체이니까.

우리 집 칸트

- 아침 8시가 행복한 아이

아침 8시다. 우리 집 꼬마 칸트가 학교에 가는 시간이다. 학교에 재미가 붙어서인지 올해 3학년에 올라와서는 학교 가는 시간이 빨라졌다. 7시 30분에 가벼운 아침을 먹고 스피드하게 움직인다. 부드러운 옷을 골라 입고 가족에게 따로따로 인사한 후 즐겁게 현관문을 나선다. 학교를 좋아하는 아이이다.

조금 천천히 준비하는 5학년 형은 피아노를 좋아하고 자기가 하고 싶은 것을 한 후 숙제를 늦게 시작하는 저녁형이고 과묵형이다. 형제는 일기 쓰는 것도 차이가 난다. 동생은 짧은 시간에 쓰는 것을 좋아하고, 그림이 많고 글씨가 적은 책을 골라 요점만 적는다.

'오늘은 씨앗에 대하여 알아보기로 했다.'라고 시작하는 폼이 신개념 일기쓰기다. 이에 비해 형은 실제 있었던 일을 세밀하게 쓴다. 빨리 쓰는 동생을 나무라면서 약간 놀린다.

한 부모에서 태어난 아이들의 성격이 판이하게 달라 엄마 아빠는 웃으며 고개를 갸우뚱 한다. 가까이서 보고 있는 할머니도 아침형과 저녁형인 형제의 진로에 대하여 호기심 있게 기대하고 있다.

아침형 칸트는 음식도 약간 까다롭다. 소스 음식을 좋아하는 형과 달리 느끼한 음식을 싫어한다. 마요네즈가 들어간 샐러드는 싫어하고 생과일을 좋아한다. 배, 포도, 자두, 파인애플을 좋아한다. 식성 탓인지 마르고 몸이 가볍다.

만들기도 좋아해서 요즘은 비즈공예를 색과 형태를 스스로 고안하여 만들고 있다. 소품이지만 모이면 벼룩시장에 나갈 참이라고 말하기도 한다. 만드는 솜씨는 엄마를 닮은 것 같다. 아니 할아버지도 닮았다. 집안일에서 손으로 만지는 것은 모두 손수 해결했던 할아버지셨다.

마당이 넓은 집으로 이사했을 때 꽃밭은 물론 강아지집도 만들고, 집안의 많은 전등을 새로 바꾸는 일, 수족관 청소도 아이들 데리고 손수 해야 되는 사람, 이사 와서 6개월이 지나도록 집안 살피느라 시계처럼 정확하게 퇴근한 '할아버지 칸트'였다.

내림인가. 어느 날 과묵형 손자는 박자 연습한다며 오래전 할아버지가 썼던 메트로놈을 사용하고 있어 깜짝 놀랐다. 뒤늦게 스스로 익힌 아코디언으로 친구들과 여가시간을 즐기셨던 할아버지를 닮아 과묵형 손자는 피아노를 아주 좋아하고, 쇼팽의 왈츠도 물 흐르듯 멋지게 치고 있다.

아침형 꼬마칸트는 색채사용이 자유롭고 그림을 좋아한다. 할머니가 좋아하는 것을 조금 닮은 것 같다. 지난 4월에 과학의 달 상상 그리기대회에서 우수상도 받아 거실에 오래 두기도 했다. 아침 8시면 즐겁게 학교 가는 아침형 꼬마칸트를 보고 '어린이는 어른의 아버지'라는 생각이 든다. 정해진 자기 일에 충실하는 어른 같은 의지를 보여준 것이다.

임마누엘 칸트(1724~1804)하면 딱딱하고 어려운 철학이론서만 생각했는데 평생을 5시에 일어나 강의 준비를 하고, 다양한 사람들과 느긋한 점심을 즐기며 교양주제로 토론했던 칸트는 오후 3시 30분에는 정확하게 고향마을을 산책하며 약한 몸을 관리했다고 한다. 동리사람들은 산책 나온 칸트를 보고 시계를 맞췄다고 한다. 정해진 자기와의 약속을 기계처럼 지킨 그 의지와 끈기가 고향인 쾨니히스베르크의 시계가 된 이유이다.

우리 집에도 시간 잘 지키는 꼬마 철학자가 나타났다. 웃으며 등교인사 하는 것을 보고 시계를 보면 정확하게 아침 8시다. 즐겁게 생활하며 시간을 맞추는 우리 집 꼬마칸트를 보고 서점에 가고 싶어졌다. 이번 주말에는 꼬마칸트와 피아니스트가 희망인 손자를 데리고 외출을 해야겠다.

꼬마 칸트의 계획세우기 책과 쇼팽왈츠 음반을 선물로 받은 아이들의 밝은 얼굴을 그리면서, '꿈은 기다림이며 살아가는 힘'이라고 혼잣말을 해본다.

일상의 작은 기쁨들

봄이다. 강변을 달리는 차 속에서도 연둣빛이 보인다. 호텔 아트페어 가는 길이 그림 전시장 같다. 파아란 하늘, 마른 나무에 조금씩 보이는 연둣빛 일렁거림, 잔잔한 강물이 기쁨이 된다.

- 새봄 아트페어

호텔 객실 전시장에 사람이 모인다. 작품이 소파에 앉거나 침대에 눕거나 벽에 걸려있다. 나직하게 설명하는 작가와 꽃 모종 고르듯 그림 감상하는 손님들, 가벼운 옷차림에서 봄빛이 번지고 아파트 청약 물결처럼 그림감상도 파도처럼 밀려온다.

호텔객실 769호에 지인 Y의 작품이 있다. 마그리트 건물 지붕 위에 태권V소년이 날고, 화려한 '꽃들의 정원'이 있었다. 회화, 공예, 건축 등 다채로운 작품을 구경하고 눈부신 서울거리의 인파와 분홍색 하늘을 그린 화가의 작품인 머그컵 1개를 사들고 집에 오는 발걸음이 가벼웠다.

- 2월처럼

우리집 창가에 붉은 꽃 포인세티아 작은 화분이 있다. 자세히 보니 연두 순 다섯 개가 나타났다. 눈을 맞추고 이야기하는 동안 거실에서 자동차놀이 하는 작은아이, 이루마 연주에 빠져드는 큰아이는 새 학년, 새 꿈으로 가슴이 부푼다. 베란다 붉은 동백이 2월처럼 빠르게 지고 있다.

- 영상편지

파아란 하늘에 뿌려놓은 솜털구름, 푸른 바다 뒤로하고 날갯짓하는 빨간 바지 꼬마들, 새처럼 부드럽게 떠오르는 희망들, 바닷가 모래밭 포토존, 네모진 액자에 담긴 여름 꽃밭, 뉴질랜드 셰익스피어 공원에서 온 막내딸의 영상편지는 기쁨이다.

- 옛집을 그리며

아이들 어릴 적 옛집 가까이에 병풍 같은 도봉산이 있고, 꽃밭에는 연초록 선녀우산 토란잎, 오래된 대추나무 연두이파리, 햇살에 반짝일 때 평화가 가득했던 옛집, 감빛대문 위에 보라색 나팔꽃무리, 빨래줄에 걸린 비릿한 누런 투망, 복실강아지 꼬리치고, 흘러간 노래 아코디언 소리에 주름진 노모 얼굴 웃음꽃 피어난다.

- 친구의 웃는 얼굴

노점상 푸성귀 옆에 단풍든 치자 열매, 그냥 지나치지 않고 친구는 기어이 사고 만다. 3천원에 8개다. 솜씨좋아 염색하려나 기대했지만 접시에 놓고 그림 그리고 싶다고 한다. 초겨울 노점에서 그림 소재 만나 즐거워하는 친구의 웃는 얼굴, 집에 오는 길에 그림 한 점 따라온다.

- 신문을 보며

오늘은 자동차사진이 산뜻하여 눈길을 끈다. 1995년 5월 4일 서울강남 코엑스에서 열린 제1회 서울 모터쇼 사진이다. 밝은 노랑으로 앞모양이 통통하고 오픈카이다. 탑승한 당시

국무총리보다 먼저 크게 웃고 있는 노란 오픈카를 보니 3, 4세 남자아이들의 차사랑 마음을 알 것 같다. 봄은 노랑이다. 몸이 느끼는 봄의 기운보다 마음이 앞서는 봄의 자락. 어디선가 새로운 일들이 몰려올 것 같다.

이들 작은 기쁨으로 나는 아침을 열고 저녁을 닫는다. 하루를 산다.

삶은 조각무늬인가

살아가면서 다양한 풍경들이 무늬처럼 보인다. 중학교 때 옷감 모으기 숙제를 재미있게 했던 기억이 지금까지 이어져 그림엽서, 손수건, 스카프를 모으기도 한다. 색과 무늬에서 연상되는 풍경을 만들고 이미지를 모아본다

첫 번째 조각은 금빛 아침이다.

저절로 깨어나는 4월의 아침 창가로 향한다. 6시 6분, 금빛 하늘에 눈이 부시다. 작은 창으로 보는 큰 세상, 우리를 돌보시는 큰 빛, 따뜻하게 감싸는 금빛 햇살이 내게로 온다. 차 한 잔 들면서 다시 보는 하늘, 경이로운 해님으로 넉넉한

금빛 아침이다.

두 번째 조각은 실크 스카프.

가볍고 다양한 색이 지루하지 않다. 실크 스카프의 촉감이 햇솜 이불 같다. 마술사의 손으로 그린, 부드럽게 변화하는 색들의 반란, 새털처럼 가벼운 미지의 세계, 내가 그리던 동화책이다.

세 번째 조각은 푸른 오월이다.

푸른 시절, 둘이서 어른 뵙던 고향 마을에는 소박한 친족 얼굴만 보였는데, 아이들 함께 갔던 시절에는 맛있는 고향 음식 보이고, 시어머니 꽃상여 타고 가시던 동짓달은 맑은 하늘과 들판의 마른바람 보았네. 오랜만에 찾은 고향마을에 푸른 오월 펼쳐져, 산 아래 밭두렁엔 마늘잎 푸르고, 아기양파 얼굴 살짝 내미는데, 고향 마을은 환하게 웃고 있다. 푸른 오월 탓일까.

네 번째 조각은 아롱대는 추억.

고운 봄날 아침에 아롱대는 추억 한 토막. 70년대 초 섬마을 용유중학교, 인천 연안부두에서 뱃길로 2시간 거리다. 울타리 없는 조그만 학교, 솔숲에서 체육복 바꿔 입는 남학생, 여학생은 수놓느라 붉어진 얼굴 얼굴들, 교실 밖 숲에선 뻐꾸기 울음소리, 한낮의 조용한 교정에는 꿈이 부풀고, 학교 앞 바닷가엔 갈매기가 날고 있었다.

다섯 번째 조각은 가을무늬 이불이다.

첫눈 오는 날, 착한 풍경이 문을 두드렸다. 고승 얼굴을 한 감잎이 이웃사촌 나무들 찾아가서 도란도란 가을 이야기 나누고, 주목나무 푸른 몸에 따뜻한 가을무늬 이불 덮어주며 친구 되어 웃고 있다.

오늘도 모아둔 그림엽서를 보면서 조각 조각 추억을 떠올리며 새로운 풍경을 꾸며보는 해거름시간이 반갑다. 이 또한 여섯 번째 조각 주홍빛 노을이 된다. 하나하나 흔적이 모여 삶이란 조각 이불이 만들어진다.

2.

꿈이 익어가는 시절

우리 모자이크 만들어요

이른 아침이다. 연한 잉크색 하늘에 금빛이 조금 새어나오고 있다. 커피 한 잔 들며 숨겨둔 편지 찾듯 옛 노트를 펼친다. 조각 글들이 나를 반긴다.

- 안개 속에서

20년 친구인 경심회원 10명이 오랜만에 제주도 여행길에 올랐다. 제주도 옥빛 바닷가를 바라보면서 허술한 가게에서 옛날 도너츠 먹는 즐거움을 누린다. 동화 속 마을 에코랜드에서 꼬마기차를 타고 중간 중간 내려서 걷기, 울창한 숲길을 걷다보니 마음까지 부드러워지는 것 같았다. 안개 낀 호수에 피아노 치듯 비가 내린다. 간이역에서 커피향이 퍼질 때 오랜 친구들의 마음은 풍선처럼 부푼다.

- 오월의 크리스마스

보랏빛 가로수가 명화처럼 떠오르는 여행지, 포르투칼의 오월, 여행버스 안에서 듣는 미성의 남성합창 '화이트 크리스마스'와 '아베마리아'는 부드럽고 편안하고 오랜만에 맞는 축복의 시간이었다. 창밖의 언덕, 구름, 작은 산들이 지나며 울려 퍼지는 오페라는 생의 찬미 같다. 보랏빛 추억이다.

- 살림 고수들의 외출

겨울이 남아있는 2월에 한계령 오색약수에 친구들이 모였다. 오색 털목도리로 무장하고 걷고 온천도 하고. 포인트는 솜씨자랑이다. 약식과 들깨강정으로 선두를 달리는 김 여사, 새하얀 박나물로 인기만발 한 여사, 분위기 메이커 홍 여사의 샐러드, 말없이 선보인 이 여사의 노릇노릇한 누룽지 등 살림 고수들의 바람 같은 외출이다. 정이다.

- N시인의 가곡발표회

잘 꾸며진 탄탄한 건물 세실 아트홀에서 가곡발표회가 있었다. 관악문인협회 회장인 노유섭 시인의 '오시나요' '사랑으로' '초록의 노래' 등 20여 곡을 남녀 성악가들이 발표한 멋진 무대 참석은 기쁨이었다. 그중에 인상적인 곡이 '오시나요'이다. -'오시나요 오시나요 벚꽃비 내리면 오시나요'-

- 어느 겨울이야기

부산한 여름. 치열했던 매미의 울음이 잦아질 때면 지나간 날들을 생각하고 성큼 다가선 가을 냄새로 새벽을 붙잡는다. 새해 계획도 설핏 떠올리는 늦가을, 단풍나무가 자줏빛으로 변하는 11월. 우리 집 동백도 겨울 축제를 준비한다. 깊은 사랑의 소식을 전하려고 단단해진 꽃봉오리에서 붉은 손짓을 한다. 동지가 돌아올 때쯤 팥죽만큼이나 뜨거웠던 어머니 손맛이 그립고, 단정한 우리 큰아이 생일에 흰 눈발이라도 날리면 축하 꽃다발인 양 붉은 동백이 웃고 있다. 주홍빛 칸트는 스케치북에 가족 얼굴 그리는 우리 가족의 겨울이야기.

이렇듯 살면서 다양한 사람들과의 만남, 그리고 간절한 기다림, 또한 낯섦과 모호함을 아끼고 행복한 기억을 만들어 가는 모자이크 만들기는 내가 즐기는 놀이다. 아니 살아가는 힘이다.

아 11월, 그 시절이…

낙엽이 날린다. 마른 이파리들이 서로 부딪치는 소리가 들리고 노오란 볏짚옷 입은 가로수를 보며 문득 대식구가 모여 살던 70년대 그 시절이 떠오른다.

작은 집에 꽃밭 있고 치자화분도 있었다. 여덟살 아들도 하얀 치자꽃 향기 알아채고 '꽃은 향기롭습니다. 아주 향기롭습니다'라고 적은 일기장이 귀했다. 마루에 있는 갈색 장롱 문을 열면 새 식구가 해온 연두이불, 호박색 담요에 시어머니의 함박웃음이 번졌다.

11월 첫 주가 되면 우리집 김장 신호탄, 스무 근 마른 고추 닦기는 며느리 수업이다. 둘째 주는 푸른 잎 달린 작달막한 달랑무 열 다발이 어머니 손맛으로 구수한 총각무김치로 변신한다. 마당 한쪽에선 곰삭은 멸치젓을 양은솥에 끓여서 소쿠리에 망사천 받치고 노란 국물 받는 김장준비는 끝이 없다.

이웃집 솜씨 좋은 초청강사 재희엄마와 함께 노란 배추 붉은 양념 버무리는 11월의 아낙네들 얼굴에 행복이 피어나고, 항아리에 꾹꾹 눌러 담고 우거지로 덮고 이웃집에 새로 무친 김치 두 쪽씩 돌렸던 70년대 그 시절.

좁은 골목에서 아이 업고 도란도란 이야기 나누고, 큰길가 한복집에서 모아온 색색헝겊으로 상보도 만드시고, 막내아들 이불도 만드셨던 알뜰한 시어머니가 계셨다. 고향에서 친척이 오면 뜨거운 팥죽을 준비하시는 시어머니의 마음은 항시 붉었다.

집안기둥 큰아들 생일이면 작은 양은시루에 팥시루 떡을 안치고, 종지에 기름촛불 켜는 시어머니의 젖은 손을 그려보는 회색빛 11월, 어머니가 즐겨 준비하신 파래무침과 다디단 배춧국이 생각난다.

연탄, 김장, 쌀만 있으면 걱정 없던 70년대 그 시절이 복숭아꽃 피는 고향마을처럼 생각나는 11월이다. 이제와 생각해보니 그 시절이 나를 키웠다.

하얀 레이스에 비친 연두세상

알 수 없는 새의 울음으로 아침을 맞는다. 이곳 뉴질랜드의 낮은 집들은 창마다 하얀 커튼이 펄럭인다. 하얀 레이스커튼 사이로 파아란 얼굴에 하얀 미소 닮은 폭신한 구름들이 우릴 보고 있다.

- 시가 도착하는 날

페인트칠이 벗겨진 오래된 나무울타리 틈새에 비친 이웃집 붉은 꽃나무는 무명화가의 그림이다. 그 아래 이름 모를 노란 작은 꽃은 가는 장대 위에 서커스소녀처럼 한들거린다. 연초록 잔디 위에 보라색 제비꽃도 놀러오고, 저만치 애기 개망초도 모여 있다. 네모진 고무상자 속 푸르고 붉은 상추, 깻잎화분 3개, 하얀 꽃핀 고추화분 5개를 아침저녁 물주며 아기 키우듯 한다. 구름도 노란 꽃도 무심한 깻잎까지 친구가 되는 날은 한 편의 시가 떠오른다.

- 비 오는 어촌마을

비 오는 뉴질랜드 투투 카카 해변에는 잡힐 듯한 안개 너머 불모지를 찾고 있는 황토 빛 시인이 온다. 어느 섬 돌고 돌아 하얀 찔레꽃 피우는 시인의 웃음소리에는 유자향이 묻어 있다. 인적 드문 머언 해변을 걸으며 옥빛 파도 위에서 은사시나무레이스 펼치는 신기한 바다를 보고 있다.

- 뉴질랜드 베델스비치에서

검은 모랫길 따라 멀리서 겹겹으로 파도가 밀려오고 사람들은 끝없는 모래사장으로 향한다. 서핑보드를 들고 온 사람, 아이를 무동 태운 가족, 빈손으로 모자만 쓴 노부부, 안내견인지 큰 개와 오는 여인은 고향갯마을에 가는 사람들인 양 편한 모습들이다. 파도에서 푸른 시간을 만들고 있는 젊은 가족, 아이들은 싱싱한 자두를 먹고 있는데 비경 곁에선 바람만 춤을 춘다. 물보라가 몰고 온 이슬비세상에서 이들 모두는 한 가족이 된다.

- 케이프랑 등대

뉴질랜드 북섬 끝자락 해안에 하얀 등대가 있다. 신의 선물이라고 말한다. 푸르고 푸른 바다는 압권이다. 구불구불 가는 길 언덕에는 마가렛꽃, 패랭이꽃 한들거리고, 어린이 손잡고 온 가족이 고향 찾듯 웃는 얼굴이 평화롭다. 집에 오는 길에 나인티 마일 비치엘 갔다. 드넓은 바다에 모래언덕이 있고 해질 무렵 해안의 모습은 눈부시다. 바람도 차고 상쾌했다. 지구에서 멀리 떨어진 사막에 온 느낌이다.

여행은 가족을 하나 되게 한다. 두고 온 가족은 마음으로 만나고 오랜만에 타지에서 보는 가족은 몸으로 만나서 그러하다. 숨어있던 감성도 살아나고 생기를 준다.

그래서 이번 뉴질랜드 여행은 하얀 레이스에 비친 연둣빛이다.

사랑해, 칸트야

아침 8시 10분, 민첩한 소년은 서둘러 학교엘 간다. 책가방, 운동화, 티셔츠, 최근에 구입한 꼬마안경까지 주홍빛이 들어있다. 소년은 화가가 되는 것이 꿈이다.

소년의 책상 위에 새로운 그림엽서가 보인다. 캘리그라피 글씨로 꾸민 엽서는 '우리 가족 good', '작은 별의 행복'이다. 노란 별도 그리고 두둥실 하얀 구름도 있다. 5학년이 되어 자신감이 커졌다.

엽서 아래 '미소천사'라고 적힌 복습노트도 보인다. 새학년에 올라와 4월부터 스스로 공부하는 노트다. 꾸미기 좋아하는 소년은 연두, 핑크, 노랑 등으로 줄을 긋고 사회, 과학교과의 어려운 낱말을 적고 익힌다. 저녁이면 '미소천사' 노트 위 아래 칸에 깨알 같은 엄마의 편지가 나타난다. 사랑이다. 소년의 얼굴에 미소가 떠나지 않는 것이 엄마의 사랑 때문인 것 같다.

조금씩 힘이 생긴 소년을 보며 옛일이 떠오른다. 어린이집을 유모차로 출퇴근하며 수줍게 자랐다. 두 살 위 의젓한 형과 다르게 말수가 적은 동생은 유치원 행사 때 함께 간 가족 몰래 숨은 적도 있었다.

초등학교 2, 3학년 때는 조용하고 부드러운 태도에 달빛으로 불렸다. 소년은 그림그리기에 열중해서 교내외 큰상도 받아왔다. 그림마다 주홍빛이 들어있어 따뜻했다. 긴 머리 소녀가 웃고 있는 자동차 그림이 기억에 남는다.

초등학교 4학년이 되자 시간을 잘 지키고 자기 동선에 예민했다. 아침 8시면 꼭 등교한다. 해서, 나의 둘째 손자인 소년은 칸트가 됐다. 소소한 정이 많이 든 할머니가 긴 여행 갈 때 칸트는 '이제 등이 없다'고 말해 쿵하고 마음이 흔들렸다. 그래, 나는 너에게, 너는 나에게 등이었구나 생각하며 '너는 시인이다'라고 말했다.

먼 옛날 칸트의 아빠가 어릴 때 제 할머니 품에서 자랐다. 이번에는 칸트가 할머니인 나의 품에다 기쁨을 주고 있다. 수줍고 연한 떡잎이 시간이 지나야 잎이 커지고 색도 진해지며 어엿한 어린나무가 되는 것을. 행복은 서서히 우리 곁에서 물들어 가는데 늦게야 알아채는 부모들. 베란다의 오래된 동백나무 잎도 새 옷으로 바꿔 입으며 소년에게 미소를 보내고 있다.

오랜 기다림 후에 캘리그라피 엽서와 함께 온 소년의 행복은 푸르게 빛났다.

사랑해, 칸트야!

꿈이 익어가는 시절

어릴 적 동그란 얼굴에는 동글동글 꿈이 맺혀 있다. 여중 시절에는 말이 적은 미술시간을 기다리고, 여고 시절에는 수양버들 머리 한 주기운 선생님의 현대시 강의에 감동하고, 이상세계 펼치는 C. C. C에 빠진 대학 시절, 구약 욥기강의에 눈을 뜨고 마음이 자랐다.

- 뱃고동소리

신대륙 찾아가듯 꿈만 가진 초년병의 섬마을학교 가는 날은 바닷바람도 잔잔했다. 해당화 피는 유월의 눈부신 바닷가, 머플러 펄럭이는 밤바다의 추억은 연극무대다. 순수한 학생들을 두고 도시로 전근가시는 선생님을 태운 여객선의 떨리는 뱃고동소리에 모자 흔들던 언덕 위의 섬마을학교 남학생들, 울고 있는 여학생들을 데리고 모랫길을 걸어서 학교로 돌아가는 여선생은 오래된 흑백영화의 한 장면이다.

환경미화 하느라 늦은 퇴근길, 논물에 비친 낙조의 아름다움에 멍하고 바라보던 일, 호얏불 밝히고 일기 쓰는 풋내기 여선생의 좁은 방 한쪽에는 소꿉 같은 밥상, 허술한 벽에는 연필로 그린 카뮈의 자화상이 있고, 섬마을 학교의 꿈같은 시절이 나를 키웠다.

- 빨간 운동화

단편소설 같은 섬마을, 초임지를 떠나 상륙한 곳이 1971년 포천여중고 근무시절이다. 신설학교로 중학교 4반, 고등학교 2반이다. 운동장 정지작업이 안 되어 운동화를 두 켤레씩 가지고 다녔다. 연두와 하늘색 체크무늬 운동화, 빨간 골덴 운동화였다.

지역출신으로 왕방산도사로 통하던 교무주임, 피아노 반주, 뜨개질, 요리, 성악, 제식훈련까지 만능이신 여 교감님은 젊은 여교사의 사감이었다. 농구코치 차림으로 학교 구석구석을 돌보시는 구릿빛 얼굴, 성실하신 미소의 교장선생님은 다정하시고 이태리 배우 닮은 학생주임의 말솜씨는 단연 인기다. 최영숙 학생을 부를 때, 초이영이라고 부르신다.

기타 치며 '꽃반지' 노래를 즐겨 부른 깜찍한 국어 선생, 순정만화의 주인공 영어 선생은 눈이 고왔다. 자취하는 담임에게 쌍알 든 계란만 가져오는 금희의 부끄럼 타는 얼굴, 근교농업으로 어린 열무다발을 밤새워 묶으며 자녀 학자금 준비하는 금희 어머니의 모습은 삶의 교본이었다.

포천군내 가정과 연구수업으로 가슴 졸이던 시간에 음성 고저, 시간 안배 등을 사인 보내준 김 선생의 배려는 훗날 인연의 시초가 되었다. 의상제도 시간에 판탈롱 바지를 만들고 비닐 테이프로 가방 만들었던 어머니교실 호응, 미니스커트가 유행하던 그 시절, 즐겨 입은 옷이 연두색 브이넥 원피스와 스테인드글라스 추상무늬가 있는 보라색 코트다. 출근길 논두렁길에 발이 빠진 줄도 모르고 이상화의 '빼앗긴 들에도 봄은 오는가'를 외우며 얼굴 붉히던 시절은 교사로서 조금씩 익어가는 시절이었다.

- 블루와 미련

프렌치토스트가 아침밥이었던 포천여중 시절을 지나 고양중학교에 전근 온 1973년, 학생부의 야구전공 체육선생은 장현의 '미련'을 잘 불렀고, 자기 집 지붕까지 원하는 블루로 색을 칠하는 미술선생은 폐품수집 우수학급 단골이었다. 맑은 회색이 어울리는 국어 선생은 일본작가 모습이다.

월요일 애국조회 때 안녕! 하며 시작하는 하회탈 웃음 정 교장님의 새로운 제스처, 나비안경과 롱스커트가 트레이드마크인 석 교감님은 영화제에 더 어울리는 모습으로 다소 이색적이었다.

허리 업을 낮게 말하며 퇴근길 동행하는 영어 선생, 중성적 이미지의 녹색 사진사 가방이 멋있다고 말하는 검정 옷 선호 역사 선생, 어느 비 오는 날 김추자의 '님은 먼 곳에'를 60번 들었다는 국어과 새내기 교사는 트럼펫 연주가 퍼지는 퇴근길 노을에 열광했다. 첫 아이 백일사진을 보물인 양 옆자리 교사에게 보이며 즐거워했던 고양중학교 4년은 다채로운 이슬람 문양의 모자이크였다.

풋내기 초년병이 들어본 섬마을 파돗소리, 황량한 모랫바람, 크게 흔들리며 아름다운 춤을 선사하는 수숫대 물결, 시를 외우며 논두렁길로 등교하던 P여고, 다채로운 이슬람 모자이크가 연상되는 경기도 고양중학교 근무는 꿈이 익어가는 시절이었다.

나를 지켜준 울타리

섬마을에서 시작한 학교생활이 육지로 건너와 4번째 학교인 파주군 적성중·종고에 부임했다. 의정부에서 마이크로버스 타고 1시간 가면 적성면 설마리 영국군 묘지 기념탑이 나온다. 길옆 높은 바위에는 '초전박살'이라는 글씨가 조각처럼 새겨있고 세트장 같은 허술한 거리 마지리가 나타난다.

- 모서리가 닳은 『현대문학』 한 권

70년대 중반 접적지역인 적성면에 있는 쓸쓸한 학교에서도 희망은 푸른 하늘보고 팔 벌리는 중간체조시간이다. 담임반 1학년 함명란의 해맑은 얼굴은 교단을 지키는 힘이었다. 교무실에는 단정한 차림으로 계산이 빠른 수학과 교무주임과 약간 곱슬머리인 고전소설 화법 국어과 학생주임과의 소소한 알력은 실록영화 한 편이다.

꿈 많은 여고생들이 서양 야구선수 차림 체육선생에게 쏠리는 호기심을 걱정하시는 안전주의 교장선생님의 검은테 안경 속의 염려가 지금도 선하다. 교사 배구시합 끝나고 어둑한 교정에서 펼친 매운탕 한 그릇도 따끈했다. 춥고 힘든 원거리 통근길에도 나를 지켜준 것은 모서리가 닳은 『현대문학』 한 권이었다.

- 달동네 식당에서 국수 반 그릇

운동장 한쪽에 두레박과 우물이 있는 양주군 덕정중학교는 한적한 시골의 물빛 그리움이다. 어느 해 여름, 다비드상 청년교사 부임으로 교내에 테니스바람이 불고 수제자 미술선생은 얼굴이 밝아졌다. 가사실습으로 만든 호박칼국수에서 어머니가 보인다는 지적인 풍모의 윤리주임과 올백머리한 오 선생의 장떡 도시락 반찬은 인기였다. 강릉시댁에서 부쳐온 가자미식해는 색다른 풍미였다.

2학년 1반 반장 은희의 빠른 판단과 재치는 영국공무원 스타일이고 단정하고 고운 창희의 순수한 아름다움은 부여공주

라는 별칭이 붙었다. 넉넉한 웃음을 항상 보여준 영제는 후에 가정과로 진학을 했다. 퇴근길에 기차 기다리며 국수 한 그릇을 나눠먹던 달동네 식당에서의 소박함은 물빛 수채화다.

- 백학 15호

백학제로 유명한 명문 의정부여고에서는 예절교육으로 한복 맵시를 자랑하고 반별 줄다리기에서 소리치며 응원하느라 학생들과 가까워진다. '요람에서 무덤까지' 연기한 1학년 3반은 2학년 캉캉춤을 제치고 인기상을 받은 엉뚱한 반전으로 모두 놀랐다. 수학여행지에서 부른 서투른 노래에 환호하는 학생들의 순수함도 귀했다.

생물노트 검사에서 엑설런트 사인 받은 반장 이영기의 바른 글씨는 교내 수목에 명찰을 달아주었다. 늦가을이 오면 청록 코르덴 자켓을 즐겨 입으시는 하얀 피부 과학 선생님이 떠오르고, 조용한 미소만 살짝 보이시는 교지 편집 L선생님의 단발머리는 삽화주인공이었다.

학생의 꿈을 보석으로 말씀하시는 학의 모습이 연상되는 이은상 교장선생님의 월요일 애국조회 훈화는 기억이 새롭다. 먼 훗날 서초고등학교 재임시 학생작품 전시 제목으로 '보석처럼 빛나는 나의 꿈'이 태어났다. 1983년 교지를 좋아하는 나에게 청탁이 왔다. 「잊을 수 없는 학교 시절」이라는 제목으로 적은 글이 의정부여고 『백학 15호』에 실렸다. 나의 보물 2호로 등록되었다.

나를 지켜준 모서리 닳은 『현대문학』과 달동네 분식집에서 기차 기다리며 나누어 먹던 국수 한 그릇, 백학제에서 목이 터져라 응원하던 그 시절이 나를 지켜준 울타리였다.

안갯빛 그리움

입춘을 기다리는 마음은 봄의 시작이다. 어두운 옷도 정리하고 윤이 돋는 여린 풀색 옷을 걸치고 오랜 친구를 보러간다. 배나무골에 세워진 태릉고에서 근무한 친구모임이다. 마음은 옛날로 먼저 가 있다.

새로 시작하는 학교의 3월은 희망으로 가득 찬다. 새로 산 노트에 이름을 적고 빳빳한 교과서가 높은 산처럼 보이는 신학기 3월, 환경미화 심사일이 정해지면 학생들의 마음이 빠르게 움직인다. 미화부장을 중심으로 HR 조직표, 학습란, 역사의 향기, 과학의 신비 등 카키색 색지로 띠를 두른 판넬은 고급스러웠다.

교실 후면 중앙에 밀레의 '이삭줍기' 그림이 있고 교실 앞면 창가 쪽에 전학생처럼 철쭉화분이 버티고 있다. 이렇게 큰 화분을 교실에 들여놓기는 처음이다. 안정된 교실환경은 단연 우수학급이 되어간다. 중간고사 성적이 나왔다. 학급평균이 70점이 넘고 학생들은 단결심이 높다. 가을운동회 때도 흰색 티에 빨강블루머차림으로 학급 단체복을 맞추고 질서 있게 응원실력을 뽐낸 결과 응원상도 거머쥔다.

가정교과 시간 중 소비와 경제단원은 역할극으로 진행했다. 3인 1조가 되어 상품, 구매자, 판매자가 되어 실제 행동으로 옮겨보니 학생들의 반응이 뜨거웠다. 드라마 연습실 같았다. 재주꾼 재영이는 혼자서 3역을 다 해보인 결과 박수가 터졌다.

환경미화에 얽힌 이야기 중 3학년 이과 반에서 일어난 일이다. 심사 일에 심사위원들이 교실에 들어가니 일제히 6개의 튤립화분이 만개한 것이다. 생물과 담임선생님의 제자다웠다. 튤립 꽃을 좋아한 나에게 잊지 못할 사건이다.

그 시절 같이 근무한 한문과 최 선생의 조용한 미소는 '물방울 다이어'라는 별칭을 낳고 방송수업을 아나운서처럼 잘한 윤리과 김 선생은 인기우먼, 검정 비로드 롱스커트에 붉은 자켓이 잘 어울린 에티켓 채 선생, 우리아이 롤 모델이 된 미술과

모(牟)선생은 소문난 스타일리스트였다.

학교회식 때 '신라의 달밤'을 가수보다 더 잘 부른 교무주임의 깔끔한 감색 수트, 제2외국어인 서반아어 전공 신임교사의 긴 머리와 검정 자켓 속의 보라색 티 등 다양한 성격과 외모에서 주는 이미지는 살아있는 학습교재가 되어 흥미로웠다.

배나무골에 세워진 학교주변은 5월이면 새하얀 배꽃물결로 여심을 자극했다. 학교 담장 너머로 새하얀 배꽃미소가 흐를 때 삼삼오오 모여 사진 찍던 그 시절, 교정의 학생들 웃음소리가 들리는 듯하다.

해맑은 학생들과 열정으로 가득한 신설 학교에서 보낸 5년은 나에게 화사한 철쭉으로, 단정한 튤립 꽃으로, 눈부신 배꽃의 떨림으로 다가온다. 머언 그 시절이 그리워질 때는 카푸치노 한 잔을 들고 창가로 간다. 멀리 잡힐 듯한 그리움, 안개 빛 그리움이다.

그리움도 선물이다

빈티지 자전거시계가 왔다. 해마다 5월이면 예쁜 카드와 함께 선물을 준비하는 며느리다. 분홍빛을 좋아하고 심성이 고운 며느리의 이번 선물도 안타다. 빨간 하트가 수없이 그려진 카드와 함께 온 장식용 시계다.

자전거 앞바퀴에 시계가 들어있고 시계 위에는 바람이라도 앉힐 듯 앙증맞은 철사의자도 있다. 손잡이, 안장, 지지대 등이 카키색으로 빈티지 풍이다. 시계판 3, 6, 9, 12는 초등생 손글씨처럼 크고 정겹다. 금방이라도 움직일 듯한 자전거시계는 요술램프처럼 아늑하게 불이 켜진다.

까마득한 20대에 P읍 신설 여중·고 가정과 교사로 부임했다. 운동장 정지작업이 덜되고 경기 북부에 위치하여 3월 입학식의 추위는 매서웠다. 다행히 교장선생님께서 자상하시고 매사에 모범적이어서 푸근했다. 학교진입로에 나무도 심고 학교생활에 익숙해질 무렵이다.

일직할 때 동향의 K선생이 친구들과 학교를 방문했다. 여러 이야기도 하고 찻물 끓이는 전기 곤로의 니크롬선도 고쳐주는 등 과학선생다웠다. 평소 유머가 많고 운동, 노래, 한자, 수학 등 종합 과외선생 급으로 유명했다. 집에 가는 길에 잠깐 K선생의 자전거 뒷자리에 앉아 어색한 풍경이 벌어졌다. 운동신경이 둔하고 겁이 많아 불안하게 탔던 기억이 있다. 그동안 잊고 있었다. 오래전 하루 풍경이 어제인 듯 새롭게 느껴지는 현상이 신기하다.

이어서 펼쳐지는 영상이다. 포천군 지역축제가 우리 학교에서 개최되었다. 학생들과 직접 만든 도넛을 포장하고 방학숙제인 포도주스도 선보이고 어머니교실에서 만든 비닐테이프 손가방도 판매하는 등 새내기교사의 열정이 고스란히 나타난 황금 같은 시절이었다.

새로 부임한 교사들이 어려워하는 과제가 연구수업 발표다. 여학교 대표과목으로 군내 가정과 연구수업을 맡게 되었다. 염색수업으로 창의성과 실용성을 강조한 미술수업에 가까웠다. 준비는 많이 했지만 실제 수업발표 당일에는 떨렸다. 수업이 시작되자 음성고저, 수업시간 시종을 교실 후면에서 사인으로 도운 숨은 공로자가 있었다. K선생이었다. 고마웠다. 함께 근무한 1년이 지나고 K선생은 타교로 전근가게 되었다.

천성인지 학교와 학생들을 좋아하고 새로운 학습방법 도입 등으로 바쁘게 시간이 갔다. 서울 가까운 G중·고에 부임했다. 학생체육부에 배정받았다. 여기에도 유머풍부 매사 열심인 교사가 많았다. 옆자리 Y교사는 야구전공으로 대중가요 왕이다. 매너도 부드럽고 특히 장현의 '미련'을 부를 때는 여교사들이 좋아했다. 처녀, 총각선생이 많은 학생체육부는 늘 생동감이 있었다. 한 해에 교사 3인이 결혼을 했다. 나도 하늘의 약속이라도 있는 것처럼 P여중·고에서 함께 근무한 숨은 공로자 K교사와 부부교사가 되었다. 축하자리에 P여고에 함께 부임한 왕방산 도사 R교무주임, 기타리스트이며 국어과 C선생, 서반아어 전공 S선생도 오셨다.

결혼 후 바쁜 학교생활에 정성을 바치고 집에 도착하면, 때때로 황야에서 돌아온 전사 같다는 생각이 들곤 했다. 그러나 숨통이 트이는 것은 아코디언소리다. 주말이면 아이들과 가까운 교외에 소풍가서 흘러간 노래를 맛깔스럽게 연주하는 아빠의 모습을 보며 온 가족이 흥겨워했다. 후에 '거리의 악사'라는 별칭도 달았다.

어부의 아들을 자처하는 아이들 아빠가 분가한 시동생 가족과 화천 부근으로 투망을 가곤 했다. 포천을 지날 때면 그 옛날 근무지인 P여중・고가 초기제작 영화 상영처럼 학생들과 함께 운동장 정지 작업, 진입로 식수, 연구수업 등 황금 같던 그 시절이 애틋하게 느껴진다. 며느리의 선물, 빈티지 자전거 시계가 가져온 생기다. 그리움이다

이렇듯 그리움도 선물이 되어 나의 마음에 잔잔한 파도가 일렁이게 한다.

봄날 같은 이모

오늘은 이모가 오시는 날이다.

버스정류장이 있고 재래시장이 펼쳐진 우리 동네에 이름난 커피집이 들어선 다음 색다른 가게들이 생겨나기 시작했다. 통닭집 하던 곳에 파스타집이 들어오고 가을이면 절인 배추와 총각무를 산처럼 쌓아두던 채소집이 손뜨개 취미교실로 바뀌고 수입과자 파는 곳도 생겼다.

말이 적고 음악을 좋아하는 아들이 조리에 관심을 갖고 이태리 음식을 배웠다. 오랜 수련을 쌓고 책임자로 운영하기를 6년, 기회가 되어 작은 꿈의 궁전을 세웠다. 만화표지 같은 작은 간판에 연두와 주황으로 밥 파스타(Bob pasta)라고 적은 착한 가게다. 하얀 벽면에 깔끔한 요리사진이 있는 곳에 젊은 이와 가족이 즐겨 찾는 곳이 되었다.

젊은 부부가 시작한 파스타 가게는 순항하듯 손님들이 늘어나고 있다. 밝게 웃는 여주인의 안내와 실력 있는 주방장의 멋진 음식이 손님들의 취향에 맞았다. 기본파스타 및 피자 중 고르곤졸라 피자가 인기다. 친구끼리, 아빠와 함께 초등생 딸이 오고, 손녀와 할머니 그리고 외국인도 찾고, 예쁜 안경 쓴 시각장애인 부부도 방문한 적이 있다.

한쪽 벽에 보라색 코뿔소 그림이 있다, 초등생 손자의 솜씨다. 그림 보느라 어린친구들도 즐겨 찾는다. 어느 날 고흐의 '꽃핀 복숭아나무' 그림액자가 왔다. 넉넉하고 정이 많은 이모가 방문하시면서 가져온 퍼즐그림이다. 다채로운 색과 따뜻한 분홍빛이 퍼져있는 그림은 우연인지 내가 좋아하는 고흐의 그림이다. 초임 교사시절 첫 월급으로 산 첫 번째 화집이 고흐 전집이다. 알 수 없는 변화와 생동감 있는 색채가 마음에 들었다.

어릴 적 외갓집에서 외할아버지를 모시고 대가족이 살 때다. 세라복 입은 이모와 다섯 살 조카가 함께 찍은 사진은 지금보아도 정겹다. 이모친구 사진도 있다. 점숙, 숙자, 혜자 이모와 교회당 앞에서 찍은 사진에는 이모의 윤기나는 팔색 유똥 통치마가 기억에 새롭다. 외갓집 대청마루에 있는 오래된 의걸이장의 서랍에서 본 이모의 연애편지 중 'Oh, my heart' 라고 적은 편지는 사춘기 조카인 나에게는 비밀문서처럼 신기했다.

이모의 멋진 결혼식 사진도 인기였다. 동그란 얼굴, 큰 눈이 귀엽고 외할머니의 젊을 적 모습을 닮았다고 했다. 하얀 웨딩드레스에 아스파라거스를 길게 늘어뜨린 신부와 신랑의 꼿꼿한 자세는 인상적이었다. 이모의 신혼시절 집을 방문했을 때 손소희의 『남풍』을 읽고 있던 모습, 깔끔하게 정돈된 집은 배울 점이 많았다.

나의 결혼 준비도 고전적인 엄마보다 신식인 이모가 맡아주셨다. 70년대 유행 첨단인 이환브랜드의 예복, 실크 한복, 홈드레스, 신랑의 타이와 핸커치프까지 신경 썼던 이모의 정성은 지금 생각해도 놀랍다. 아이들이 자라고 학교에 근무하느라 자주 찾아뵙지 못했어도 이모는 든든한 정신적 후원자셨다.

모든 면에 활동적인 아이들 아빠가 이르게 우리 곁을 떠났다. 말을 잃고 있을 때 제일 먼저 달려오신 이모다. 찰밥을 해서 스텐 찬합에 가져오신 이모, 분홍빛이었다.

어느 날 찻집에서 들은 이야기가 있다. 이모가 초등학교 4학년 때 전주사범을 나와 강진에서 초등학교 교사셨던 형부인 우리 아버지가 방학숙제로 도와준 그림숙제가 있었다고 한다. 넉넉한 밥그릇에 소복한 쌀밥이 담긴 그림은 학급에서 인기가 많아 학급게시판에 오래도록 전시되었다고 한다.

젊은 형부가 도와준 메시지 같은 그림이 이모의 모습이 되었을까. 외할아버지를 모신 외갓집의 큰 행사 주관은 이모 차지였다. 즐거운 일도 어려운 일에도 넉넉하고 당찬 예의바른 이모의 따뜻함이 번졌다. 어린 시절 대가족 외갓집에서의 따뜻함의 교류 같다.

재래시장이 있고 아파트단지가 가까운 우리 동네에서 젊은이와 가족들이 즐겨찾는 작은 파스타 집의 비밀은 이모가 가져오신 '꽃핀 복숭아나무' 그림의 후광인 것 같다. 환한 유리문을 밀고 이모가 들어오신다. 봄날 같은 얼굴이다.

가구도 가족이다

안개가 자욱하고 다정한 사람들의 목소리가 그리운 날은 오래된 가구를 보며 앨범 보듯 한 장 한 장 추억을 넘긴다.

오래전 집을 옮길 때 높은 곳에 있는 대단지 아파트를 보러갔다. 우리 집이 되려고 그랬던지 높다는 생각도 없고 꽃나무 등 오밀조밀한 조경이 마음에 들어 금방 정했다. 이름도 정겨운 드림타운이다.

학교 졸업 후 제 일 찾아 출근하는 세 아이들과 단란하게 시작했다. 단독주택에서 사용하던 무거운 가구는 버리고 새 집에 맞게 살구색 톤으로 가볍게 바꾸는 등 새살림으로 경쾌하게 시작했다. 안방에는 커다란 침대가 들어오고 거실에도 브라운 톤 가죽소파가 있고 황토색 책장도 들여놨다.

베란다에는 동백화분과 자스민 향이 나는 연미색 야생 난 화분, 단풍나무 등 작은 화분만 가져왔다. 큰살림에서 사용했던 큰항아리는 이웃집 살림꾼에게 분양하고 작은 단지만 몇 개 가져왔다. 시어머니가 사용하시던 유기반상기 한 벌과 스텐그릇도 챙기고 제기(祭器) 등은 말없이 따라왔다.

어부의 아들, 거리의 악사가 별칭인 아이들 아빠의 애장품인 누런색 투망과 아코디언은 귀빈차림으로 모셔오고 친정어머니 손길이 묻은 반짇고리 삼형제 왕골 둥근 상자도, 정숙한 은수저들도 귀중품 가방에 실려 왔다.

우리를 지켜주는 오래된 성경책과 노트, 오래전 살림보고서인 해묵은 가계부도, 날아갈 듯한 펜글씨가 가득한 물리전공 아이들 아빠의 대학노트 몇 권도 족보 옆에 따라왔다. 시어머님이 손수 베 짜신 모시 한필은 남자 한복과 두루마기 감으로 감싼 신문지만 여러 번 바꿔주고 짓지 않은 옷감 그대로다.

시외숙이 주신 붓글씨 작품으로 만든 작은 병풍은 가보에 속한다. 인사동에서 사 모은 문인화 네 점, 황학동에서 데려온 낡은 괘종시계 가족도 다양한 취미의 소유자인 그를 떠올린다.

넓은 단독주택에서 화초 가꾸고 식목일이면 아이들과 분갈이 하고 담쟁이 넝쿨장미의 환한 미소를 보며 여름이면 투망으로 시원함 찾고, 주말에는 아코디언 연주로 가족과 친구들을 즐겁게 한 사람, 집안 곳곳에 가장의 손길이 안간 곳이 없게 다독인 살림꾼이었다.

홀로계신 어머니가 오랫동안 바깥출입을 못하실 때 곤봉 한 세트 사서 다디미 연습 하게한 자상한 아들이고, 분가한 형제에게도 친근한 유교집안 장남의 표본이었다. 마당에 대추나무가 있고 손수 만든 꽃밭 옆에 메리집도 만들어주고 집안의 전등도 손수 다 바꾸는 재주 많은 가장을 흐뭇하게 바라보며 웃으시던 시어머니의 모습도 어제인 듯하다.

오래된 집과 가구는 가족이다. 편하게 말을 걸 수 있고 지나간 일들을 불러올 수 있어 작은 행복을 가져온다. 새로운 집으로 옮기고 싶은 마음을 접고 묵은 정이 쌓인 오래된 집에 사는 나의 마음을 누군들 알 수 있을까.

파초의 눈물

풍선처럼 매달린 뭉게구름, 뉴질랜드의 파란 하늘이다. 키 큰 파초 나무가 있는 전망 좋은 이층집은 막내딸 집이라 그런지 12시간의 비행도 멀다는 생각 없이 왔다.

아래층 벽난로 모양의 하얀 타일 장식 위에 정겨운 그림이 있다. 한지에 백 개의 표정 있는 작은 엽서가 젊은 가족의 마음인 양 단정하게 줄지어 있다. 10년 전 새집으로 이사할 때 보낸 그림을 먼 이국까지 함께 온 것이다. 마음을 아낄 줄 아는 딸네 부부의 깊은 정에 대견함이 느껴졌다.

창이 많은 뉴질랜드 집들은 창마다 그림이 어른거린다. 집 주위에 흔들리는 푸른 나무들 사이사이 과일나무, 꽃나무는 바람결에 고운 향수를 뿌린다. 비를 머금은 구름 낀 날씨에는 향기가 더욱 짙다. 이름 모를 꽃향기에 코를 벌름거리는 엄마에게 "우린 모르겠어요." 하며 신기하게 쳐다본다.

딸네 가족들이 외출하고 호젓한 아침 시간이다. 이층 소파에 앉아 멀리 랑기토토 아일랜드 산봉우리를 보고 있다. 중절모자처럼 생긴 아늑한 산 모양이 뉴질랜드를 평화롭게 지키고 있는 것 같다.

오늘은 푸른 하늘에 커다란 부챗살을 펴면서 한들거리는 파초의 초록빛 풍향계도 보인다. 조용한 집에서 부챗살 풍향계와 수신을 보내고 있는 것 같아 이 시간을 즐기고 있다. 키가 20m 넘는 파초는 심하게 바람 부는 날은 멀리 있는 가족 그리듯 모래바람 소리를 내며 풍랑을 불러올 듯 울부짖는다.

화창한 어느 날, 집안 수목 정리한다고 안전모 쓴 조경사와 인부 둘이 왔다. 사다리 타고 나무에 오르더니 포승줄로 파초 머리 부분을 동그랗게 묶은 후 아래서 전기차로 힘을 보탠다. 거인이 쓰러지듯 머리부터 떨어지고 몸통은 세 등분하여 분쇄기에 넣어 처리한다. 조금 후에 쿵 하는 소리에 나가보니 뒤뜰에 건장한 나무 기둥이 잘려 넘어지는 소리가 나고 잘린 밑동에 하얀 버터가 흥건하게 뿌려져 있었다. 순간 페인트칠한 줄 알았는데, 지름이 70센티쯤 되는 둥근 나무 그루터기에서 생명의 피눈물이 흐르고 있었다. 우유 같은 유백색 버터가. 땅속에 얼마나 많은 뿌리가 있어 생명을 펌프질 하며 살고 있었는지 놀랍다.

집 입구, 현관 앞, 뒤뜰에 살고 있던 파초 나무들이 어느 나무는 갈색 톱밥처럼 나무 먼지를 날리고 건강한 나무는 하얀 우유를 분사하듯 진액을 분사하며 쓰러진다. 오래된 할아버지 나무부터 장년, 청년까지 10뿌리 가까이 파초 가족이 뿔뿔이 흩어지는 날이었다.

옛집에서 상추를 솎을 때 줄기 끝에서 하얀 진을 본 적이 있다. 베란다에 있는 오래된 동백나무를 어린아이 머리 자르듯 전정할 때 마른 가지에서도 흰 액이 있는 걸 보며 아파서 흘리는 눈물 같아 미안한 생각을 했던 일이 떠오른다.

오래된 키 큰 파초가 집에 어울리지 않은 것 같아 정원수와 과일나무만 남기고 자연으로 보내려고 잘라내는 것이 맞는지 모르겠다. 그래서 비치 가까운 도로변이나 커다란 호텔 정원에 호위병처럼 줄 맞춰 서 있는 곳이 제자리인지도.

바람 부는 날 큰소리 내던 나이든 파초의 울음은 크고 작은 파초의 가족이 고향 가는 날을 미리 알고 있었을까. 파초 사라진 휑한 뒤뜰, 집 앞에서 풍향계 노릇하던 키 큰 파초는 밑동만 내민 하얀 얼굴, 밤색 얼굴로 나란히 얼굴 맞대고 향긋한 복숭아나무 옆에서 잠들어 있다. 새 주인이 가구를 바꾸듯 집 주위가 간결하고 명절 전에 이발한 옛날 가장의 모습과도 같고 리본처럼 늘어뜨린 망사 커튼도 모던한 줄무늬 블라인드로 바꿨지만 왠지 파초의 모습이 자꾸 떠오른다.

간혹 하늘 보며 초록 풍향계의 흔들림으로 바람의 세기를 가늠하며 말 없는 신호를 주고받던 친구 그리듯 파초를 그리워한다. 20일쯤 함께한 파초가 마음에 크게 남아있다. 집 앞 푸르른 잔디 사이사이에 노란 키 작은 꽃들이 서커스 소녀처럼 흔들거리고 있다. 이 연약한 꽃들은 파초의 비밀을 모르는 듯 그저 방실방실 웃고 있다. 멀리 랑기토토 아일랜드 수호신에게 묻는다. "파초의 눈물을 알고 있는지요?" 중절모자 쓰고 변함없는 미소를 보내는 랑기토토는 입을 다물고 엄마가 아이들을 품 안에 품듯 두 팔을 펼치고 푸른 파도를 잠재운다.

어디선가 잔디 깎는 소리와 함께 달큼하고 풋풋한 풀 향기가 생기를 준다. 평화로운 마을에 오후의 햇살이 저문다. 파초의 눈물도 언젠가 뽀얀 보석으로 빛날까?

3.

마음에 색칠하기

거울도 일기를 쓴다

작은 거울이 왔다. 나눔을 좋아하는 친구의 여행선물이다. 7센티 5센티 크기의 비취색 공단에 모란꽃과 작은 나비가 날고 꽃봉오리도 있고 녹색 연두색 잎들이 8장으로 수놓은 지갑형 손거울이다. 테두리 장식은 금색으로 단정하고 나비문양의 장식으로 열고 닫는다.

작은 수공예품을 보고 있으면 정겹고 마음이 따뜻해진다. 꽃 사이사이에 금박 스티치도 있고 정교하다. 손거울 선물은 한두 번 했어도 내 소유로 예쁜 거울 받기는 처음이다. 자고 난 모습이라도 여인은 겨울보기를 좋아한다. 창밖으로 하늘 보면서도 유리창에 비친 자기모습도 찾는다. 큰거울 보기보다 손거울 속의 나의 모습 보는 것을 즐긴다.

살그머니 백설공주가 생각났다. "거울아 거울아 세상에서 누가 제일 예쁘니?" 묻는 동화 속 마귀할머니 아니래도 여인의 마음속엔 백설공주가 살고 있다. 거울 속에 떠오르는 얼굴 중 기억에 남는 얼굴을 찾아가본다. 유치원 때 엄마 닮은 선생님과 함께 찍은 사진 속의 눈이 동그란 아이는 지금 봐도 기분이 좋다. 검정치마에 하얀 저고리 입은 미인선생님과 커다란 리본 달린 하얀 원피스의 단발머리 일곱 살 아이다.

추억여행은 이어진다. 여중 2학년 때 좋아하는 친구가 있었다. 그림을 잘 그리고 눈망울이 슬픈 듯 순정만화 주인공을 닮았다. 그 친구 집은 마당이 넓고 화분이 많았다. 갑자기 찾아간 친구를 보고 놀라던 얼굴도 기억에 남는다. 고등학교시절 기숙사 생활 중 멋쟁이 친구 M이 떠오른다. 자작으로 만들어 입은 스텐칼라 블라우스, 하얀 교복 허리부분에 비친 엷은 분홍 밸트, 방학하고 고향 갈 때 컬한 머리는 영화 '작은 아씨들'의 배우 모습이었다.

20대 시절로 찾아가 본다. 초임지 섬마을 학교 시절 담임반 계원의 학생의 웃음 띤 선량한 얼굴, 특히 미술시간 원하는 물감에 물을 많이 섞어 흐린 빛이 나오면 부끄럼타는 순수한 얼굴이 마음에 들곤 했다. 계원의 짝 문연수는 눈이 크고 샘이 많았다.

의정부여고 재직 시 고3 담임이고 교지 편집장이신 일본풍 단발머리 이혜화 선생님의 조용한 옆모습은 교지 백학 15호에 실린 권두시 「은하를 다녀온 두루미」와 닮았다.

덕정중학교에 부임한 새내기 체육교사의 검은 얼굴과 신선한 미소, 퇴임교사에게 사랑 투(two)를 불러준 키 크고 잘생긴 국어과 교사 등 세일 수 없이 많은 얼굴이 떠오르는 작은 거울의 이상한 힘은 어디서 오는 것인지 모르겠다.

어릴 적 외갓집, 학창시절, 나를 꿈꾸게 한 교사시절을 풍선처럼 가볍게 불러온 손안의 모란꽃 거울이 고맙다. 모란꽃처럼 화알짝 웃고 행복하라는 친구의 따뜻한 미소가 떠오른다. 작은 선물이 가져온 기쁨이다.

거울은 정직하다. 그대로 드러내는 거울 앞에서 백설공주 미소도 지어보고 변해가는 우리의 모습도 잠시 살펴보는 일기장 같은 거울 선물이 안타다. 보고 싶은 책의 표지처럼 오래오래 간직하고픈 어릴 적 순수한 얼굴에 관심 갖는 내가 되어야겠다.

할아버지 수염

아끼는 사진이 있다. 어린 시절 외가에서 자라던 나는 여름방학이 오면 할아버지 댁에 갔다.

목포시내에서 조금 벗어난 듯한 지대가 높은 곳인 북교동이다. 시청에 근무하신 작은아버지 댁에 근엄하고 자애로우신 할아버지가 계셨다. 집 마당에는 작은 화분이 많고 닭장도 있었다. 할아버지가 기거하시는 방은 댓돌에서 높은 곳에 있었다. 언젠가 우리 엄마가 할아버지께 문안 인사드릴 때 댓돌 아래 마당에서 큰절을 하는 것을 본 적이 있었다. 그 당시는 예법이 그러했나 보다. 할아버지 방에는 삼베수건이 있고 세숫비누도 향비누가 아닌 무궁화세탁비누 비슷한 걸 쓰신 것 같다. 치약대신 굵은소금을 쓰셨다. 얇은 대야에다 물을 붓고 세수를 했던 것 같다.

자상하신 작은아버지는 어린조카 방문에도 지극하셨다. 방문 첫날 저녁은 닭곰탕을 해주셨다. 노르스름한 국물에 당근, 대파가 들어간 작은댁 닭곰탕은 속이 든든했다. 처녀 적 해남에서 교사 생활을 하셨던 작은어머니도 정다웠다. 저녁 먹고 누워서 철수와 영희 이야기를 정감 있게 해주시곤 했다.

할아버지 댁 방문 이틀째는 과외공부시간이다. 일기도 소리내어 읽고 받아쓰기도 한다. 큰댁에서는 양일 오빠가 왔다. 중학교에 입학하고 밤송이 머리다. 작은댁 첫째가 두희다. 작은아버지를 닮아 눈은 크고 총명한 얼굴이 서양소설에 나온 천재 과학자 같았다. 세 손주를 앉혀놓고 훈장님은 카이저수염 우리 할아버지시다. 정갈한 베옷을 입으시고 은빛머리와 은빛수염은 근엄하고도 자애로우셨다. 학년에 맞는 문제를 내주시고 틀린 답은 고쳐주시며 자라는 새싹교육에 엄격하셨다. 집안에 서당이 있는 셈이다.

방문 셋째 날은 목포시내 구경이다. 만홧가게도 가고 유명한 유달산도 멀리서 보여주시고 강강술래에 얽힌 이야기도 들려주셨다. 하이라이트는 가족사진 촬영이다. 할아버지 양옆에 오빠와 내가 서고 할아버지 앞에 두희가 앉았다. 사진 뒷면에 할아버지의 명필이 숨 쉬고 있었다. 조부 64세, 우손 복희 10세, 좌손 양일 13세, 전손 두희 6세라고 적으셨다.

꿈같은 여름방학인 할아버지 댁 방문이 끝나고 헤어지는 날이다. 작은아버지 선물은 연필 한 타스와 얇은 공책을 많이 사주셨다. 속으로 "인형 선물은 없지." 하며 잠깐 딴생각도 했지만 학생 부자처럼 어깨가 으쓱했다. 할아버지 선물은 황토주머니였다. 차멀미가 심한 손녀에게 귀한 선물이었다. 기차를 타고 오면서도 코에 황토주머니를 대면 마음이 편안해져서 멀미가 도망갔다.

어릴 적부터 선물 받은 연필과 노트가 평생 아끼고 좋아하는 애장품이 될 줄을 늦게야 알게 되었다. 카이저수염 할아버지와 작은아버지는 내가 선생님이 되길 바라셨을까? 아니 건강한 문필가 그렇다. 고향에서 초등학교 교사셨던 우리 아버지, 할아버지의 셋째 아들 모습을 어렴풋이 기대하셨는지도. 진중하고 알뜰한 작은아버지와 카이저수염 할아버지는 내가 만난 유년의 진로 상담교사였다.

또 한 분이 계신다. 장부다운 고모님이 어느 날 하신 말씀 '뼈는 아버지, 살은 엄마'라고. 이른 나이에 아버지는 가셨지만 뼈를 주신 할아버지의 보살핌, 살을 곱게 건강하게 자라게 하신 지상의 낙원이었던 외갓집 가족, 그중에 말없이 넉넉한 미소로 키워주신 외할머니가 오래 오래 기억되는 초가을 아침이다.

가을은 본향을 그리워하고 사람됨을 살펴보는 작은 추수의 시간이다. 여름이면 정갈한 모시두루마기에 은빛 수염이 빛나셨던 할아버지가 그리워진다. 마음속 느티나무로 계신다.

아직도 연두색을 좋아하세요?

사람들은 내가 나이 들어서 연두색을 좋아하는지 안다. 실은 오래됐다.

초등학교 시절에는 빨강과 분홍색이 제일 예쁜 색이고 여자아이 색으로 알고 있었다. 서희의 외교 담판 등 사회과목에 흥미를 보여서인지 6학년 담임선생님이 빨간 표지 나폴레옹 책을 사주셨다. 철없는 나는 속으로 김종래 만화 '엄마 찾아 삼만 리' 후속편 '복수의 칼'이 사고 싶었다. 만화에 빠져있었던 때였다.

세일러복이 교복인 S여중에 입학하니 명상의 숲도 있고 문예반에서 멋진 시낭송하는 선배들도 만날 수 있어 새로웠다. 봄비가 사홀사홀 내린다고 적어본 작문시간, 끝없는 이야기를 들려주시는 국사시간도 좋았지만 나는 미술시간이 기다려졌다.

어느 봄날 운동장에서 애국조회가 있는 날이었다. 녹색스커트에 옅은 연둣빛 블라우스를 입고 크림연두색 세무 하이힐까지 갖춰 입으신 미술선생님 모습은 현기증이 날만큼 예뻤다. 옅은 화장에 글라디올러스 꽃잎 같은 입술색도 영화배우 같았다. 그날부터 미술선생님은 100미터 미인으로 불리셨다.

풍경화보다 포스터제작이나 문자도안 등에 관심이 있던 나는 개교기념 포스터 전시에도 참가하고 외삼촌이 보내준 안현필 삼위일체 책표지에 있는 샤갈의 '눈 내리는 마을' 그림을 보고 포스터 도안에 적용하기도 하며 미술시간을 좋아했다. 나의 연두색 취향은 그때부터가 아닐까 싶다. 이후 나는 미술과 관련이 많은 가정과로 진학을 했다.

나의 감각은 시각이 가장 민감한 듯하다. 음식에 대한 기억도 맛보다 색깔이 우선 들어온다. 대학 다닐 때 만난 그린피스 수프도 인상적이었다. 토마토 맑은 수프도 있지만 어릴 적 외할머니가 만들어주신 녹두죽을 닮아서인지 지금도 나는 그린피스 수프를 좋아한다. 수프 만들기 전 완두콩 빛도 곱고 우유, 버터와 어우러진 연둣빛 크림수프를 먹을 때는 작은 행복이 느껴진다.

연둣빛 그리움은 다시 이어진다. 섬마을 초년병 교사시절 소꿉장난 같은 밥상과 호야불이 있는 여선생의 자취방에 숙제감을 들고 오는 여학생과 변죽 좋은 남학생도 끼어있었다. 배우지망 문종이, 부끄럼쟁이 홍석이, 새침한 귀임, 옥현 등 아이들이 모여 정작 숙제감은 밀쳐두고 수업시간 이야기를 하며 장래희망을 서로 말할 때는 초록 눈망울이 된다. 순박한 아이들 바로 연둣빛, 그 자체다.

아끼는 한복이 있다. 꽃분홍치마와 연두 삼회장저고리다. 결혼 예식 후 폐백 드릴 때 입는 옷이다. 옷감은 본견으로 잔잔한 나비가 날고 구름인 듯 바람인 듯한 배경무늬가 있는 옷이다. 아직도 윤기가 그대로이고 연두색이 밝고 배경색이 꽃분홍이라서인지 절로 미소가 번지고 마음이 가벼워진다. 그 옛날 미지의 꽃길만 생각하고 신랑 손을 꼭 잡고 마냥 들뜨던 시절이 어제처럼 떠오른다. 막내딸이 초등학교 때 연극 중 새색시 역할 할 때 가져가서 입은 옷이기도 하다. 딸아이의 미래도 연둣빛이길 바랐던 기억도 떠오른다.

나는 새 옷을 구경할 때는 마치 미술 전시회를 보듯 한다. 색깔에 매료되는 일이 잦기 때문이다. 대부분 그날의 마음 끌림으로 옷을 구입하는 경우가 많아 어느 날 옷장정리를 하다 보니 연두 티셔츠, 연두 스웨터, 초록 코트 등 녹색계통으로 옷장이 온통 풀밭이었다. 어느새 연두색은 나를 이끄는 색이 되어있었다. 어느 색과도 어울리는 연두색을 보고 있으면 마음의 자유가 느껴지고 뭔가 새롭게 시작하는 생동감을 갖게 한다. 연두색이 봄의 색깔이어서일까? 나는 이제 가을을 지나고 있는 나이인데 아직도 이렇게 연두에 끌리는 이유가 뭘까? 몸은 나이를 먹는데 아직 나의 감성은 소녀적 그 연두 빛깔이다.

오래된 릴케시집과 함께 30년 된 가계부, 수첩 등에도 예외 없이 연두색, 녹색줄이 그어져있다. 나를 움직이는 에너지는 여전히 진한 연둣빛이다. 나는 늘 연두처럼 맑고 푸르고 싶다. 나이가 무슨 상관이랴!

종지울 선생님

우체국에서 책을 부치던 날, 하오의 햇빛이 아스팔트에서 빛날 때 소탈하시며 품이 넓으셨던 종지울 선생님의 환한 미소가 문득 떠올랐다. 문인행사가 있을 때면 항시 선물을 준비하셨던 최손덕 선생님이 그리워진다. 저절로 시장으로 발걸음을 옮긴다.

유동인구도 많은 이곳 관악구에는 재래시장이 많다. 견과류를 산처럼 쌓아놓은 작은 트럭 앞을 지나 좁은 듯한 시장입구에 들어선다. 헌옷 같은 겨울 패딩 조끼를 진열하는 아주머니 그 옆에는 알 수 없는 한약재를 펼쳐놓은 노점상, 좁은 길을 지나 본격 시장으로 가니 각종 채소가 빨간 비닐소쿠리에 담겨있다. 2,000원부터 5,000원 명찰을 달고 미니화분처럼 주인을 기다리고 있다.

천천히 구경하며 걸으니 커다란 나무도마에서 손질하는 족발집, 그 옆에는 빈대떡이 번철에서 지글거리고, 다리만 있는 삶은 문어도 붉은 얼굴로 봉지 속에서 시위하고 있다. 한 봉지에 만원 이름표가 흔들거린다. 추억어린 빈대떡 한 장을 3천원에 산다. 김이 모락모락 나는 떡집도 있다.

시장구경을 하니 내가 젊은 가정주부 같다. 오래된 반찬가게집이 나왔다. 자잘한 파김치가 반짝반짝 빛나고 있었다. 꽈리고추볶음도 금방 나온 듯 파랗게 멸치와 어우러져 있다. 파김치를 보니 용표 엄마 생각이 났다. 추석에 큰집에 오면서 젓국과 고춧가루 등 양념이 골고루 밴 맛깔스런 파김치를 가져오곤 했다. 손도 빠르고 너털웃음을 곁들인 친화력이 좋은 셋째동서다. 좋아하는 반찬을 두 가지 사고 가게에서 나오려니 호박죽이 금방 나왔다고 한 그릇 넘치게 담는다. 뜨겁고 샛노란 늙은 호박죽이다. 시어머니 만난 듯 반가워 한 그릇 사기로 했다.

손가방이 조금 무거워졌다. 나와서 걷는데 바로 건너편에 칙칙한 식재료가 보인다. 톳나물 다발, 물미역이 금방 가져다 놓은 듯 갈색다발로 번들거린다. 작은 산처럼 쌓여있다. 겨울

이구나, 추워지면 미역국, 동태찌개, 대구탕 등 젊은 시절 분주했던 며느리 시절이 떠오른다. 그때는 바쁜 중에도 가족들 식성에 맞춰 준비하곤 했다.

오랜만에 재래시장에 오니 젊은 여자가 된다. 3천원에 물미역 두 묶음을 사서 집으로 왔다. 코로나로 집에서 온라인 수업하고 있는 손자들이 반긴다. 따뜻한 빈대떡을 피자처럼 조각내서 자르고 노란 호박죽도 공기에 담고 파김치 꽈리고추 등 시장을 식탁에 옮긴다. 웃으며 맛있게 먹는다. 물미역을 꺼내 보이니 처음 본 아이들은 눈이 휘둥그레진다. 저녁 찬으로 물미역 초무침을 정했다. 물미역을 여러 번 씻고 끓는 물에 데친다. 씻는 동안 머리에 붙어있는 미역귀를 발견한다.

순간 몇 해 전 거제도 여행 시 함께했던 최 선생이 생각났다. 문인끼리 떠난 여행에서 총무를 맡으시고 알뜰한 살림을 하신 분이다. 물미역을 손질하고 말리는 바닷가 작업장에서 우리는 멀리서 구경만 하는데 최 총무는 가까이 가서 무얼 집더니 입으로 가져간다. 웃으며 미역귀란다. 소탈하며 품이 넓고 바지런한 한국의 어머니 모습이셨다. 자녀분들도 대학교수, 시인으로 키우신 어머니다. 문학모임 송년잔치가 있을 때면 감깍두기도 만들어 오시고 하모니카 연주하시는 남편분과도 같이 오셔서 회원들의 부러움도 받으시곤 했다.

어느 날 비보가 왔다. 늘 튼튼해 보이시고 햇살 같은 미소를 보이신 최 선생이 본인의 감기를 빨리 잡지 못해 폐렴으로 되어 입원하고 금방 떠나신 것이다. 기약 없이 가셨다.

'감깍두기와 미역귀를 알려주시던 선생님 그립습니다. 사춘기 손자들과 오랜만에 이야기 꽃피운 겨울식탁에서 만난 선생님. 다랑이 논처럼 여러 층으로 겹친 녹색 미역귀는 바다를 그리워하고 거제도 여행에서 친밀했던 선생님과의 섬 이야기를 기억하는 기념품으로 간직하겠습니다.

지금도 그곳에서 환한 웃음보이시며 부지런히 선물 준비하고 계시는지요? 그립고 보고 싶습니다. 종지울 최손덕 선생님.'

공주가 보낸 파란 엽서

뭔가 시들할 때 책장 정리를 한다. 모아둔 편지나 그림엽서를 들척이며 그 시간대로 돌아간 듯 가슴에 바람이 분다. 오늘은 파란 글씨가 눈에 띈다. 엽서 앞면에 유럽여행지의 야외카페에서 자유롭게 이야기하는 사람들의 생기 있는 얼굴, 분홍빛 파라솔 아래 블루 남방 입은 청년이 녹색 의자에 앉아있는 모습이 보인다. 멋진 풍경으로 덩달아 가슴이 뛴다.

1992년 경기여고에 부임했다. 오랜 역사를 말하듯 붉은 벽돌로 클래식하게 지어진 학교건물은 강당, 수영장, 생활관까지 갖춘 안정된 환경이다. 명문여고에 걸맞게 고전적인 동복과 단순한 춘추복이 마음에 들었다. 진감색 플레어스커트에 허리선이 들어가지 않은 하얀 긴팔 상의는 정갈해보였다. 교정 한쪽에 보라색 등꽃이 조명등처럼 피어나는 5월, 춘추복 입은 학생들의 야외수업 풍경은 그림이다.

풋풋한 1학년 가정교과 수업을 할 때 반마다 특색이 있는 학생이 보였다. 임시 담임반 7반의 부회장 김지은 학생은 눈이 크고 사려가 깊은 조용한 아이다. 체육대회에서 사제동행 뛰기가 있었다. 빠르지 못한 내가 미안해하니 집으로 편지가 왔다. 이탈리아 대사부인처럼 큰 키에 우아한 필채로 정감 있게 쓴 편지는 신입생답지 않고 의젓했다. 성당소개도 하면서 깔끔한 학생이었다.

8반에서는 담임선생님이 푸근하셔서인지 수업이 잘되었다. 회장 주선영은 처음에는 독일 여학생처럼 내면을 보여주지 않고 약간 명상적인 분위기의 학생이었다. 부담 많은 영어, 수학 교과와 달리 교과서적이지 않고 또래 학생들의 말도 섞어가며 자유롭게 발표하는 수업으로 진행하니 점점 표정이 밝아지면서 가까운 사제지간이 되었다. 멋진 엽서도 보내고 조그만 비밀도 공유하는 사이가 되었다. 사연인즉 스승의 날 선물 사려고 가지고 간 지갑을 잃어버려 엄마가 미리 사둔 녹색 골프티셔츠를 대신 선물한 일 등 글도 정감 있게 쓰고 글씨체도 화려하며 애교가 있었다. 녹색 티와 연노랑 마직 바지는 어울리며 고왔다.

9반에서 미래에 펼칠 자기 직업을 발표하는 시간이었다. 기자, 의사, 교수, 사회복지사 등 꿈을 펼치는데 애교 섞인 또박또박한 말씨로 현모양처라고 말하며 큰 저택에 정원을 가꾸며 프릴이 많은 원피스를 입고 장미꽃 핀 창가에서 시를 읽는 멋진 엄마가 꿈이라고 말한 최공주 학생이 있었다. 그의 밝은 갈색 곱슬머리도 생각나고 세심하게 표현을 잘하는 모습도 선명하게 떠오른다.

경기여고 근무 중 7월이면 방학 며칠 전에 학생회 간부수련회가 있었다. 1, 2학년 정부회장과 학생과 담당교사로 구성되어 강원도 연곡청소년수련관으로 향했다. 1학년 생활관 전담교사인 나도 합류했다. 첫날은 입소식이 있고 3박 4일 잘 짜여진 프로그램으로 학생과 교사의 기대가 큰 행사이다. 각 방 팀원 간 인사도 있고 방장도 선출하고 아침저녁 출석 점호도 있고 일과를 마치면 교사모임도 있는 군대식 훈련이다. 프로그램 둘째 날은 오대산 소금강 계곡산행이다. 알록달록한 여름의복들과 등반대열이 마치 꽃이 핀 산야가 된다. 산행 중 계곡을 흐르는 옥빛 물살은 신비했다.

오랜만의 등반으로 잠시 교사의 신분도 잊고 이야기가 잘 통하는 같은 과 묘숙 선생과 조잘조잘 얘기하다 그만 살짝 미끄러졌다. 도착지점이 코앞인데 실족한 것이다. 현장경험이 많으신 교감선생님의 발 빠른 응급처치로 오른쪽 발을 압박붕대로 고정시키고 힘이 있으신 교감선생님의 부축을 받으며 어렵게 하산을 했다. 지금 생각해도 부끄럽고 죄송했다.

오후시간은 하얀 파도가 밀려오는 푸른 바다 백사장에서 노트 들고 자연과의 대화시간이다. 저녁식사는 남교사가 준비하는 파티다. 선후배 학생과 여선생님이 중간에 참여하는 자신과의 대화, 학교를 위해 학급을 위해 간부로서 지켜야 될 행동지침 등을 생각해보는 귀중한 시간이다. 창의적인 회의 진행법, 청소년의 고민 등 다양한 리더십 훈련이 있었다.

그 시간에 남교사들이 학생을 위한 저녁을 준비하는 것이다. 앞치마도 입으시고 조리사 모자까지 준비하신 학생주임선생이 인기가 많았다. 학생들이 좋아하는 돈가스, 샐러드, 김밥, 감자튀김, 주먹밥도 있었다. 조명에도 신경 쓴 테이블도 있었다. 저녁파티복장은 다양했다. 체크남방에 큐롯을 입은 학생, 월남아가씨 차림도 있고 영국신사 차림으로 키 큰 검정 모자를 쓴 학생도 있었다. 우리 테이블에는 하얀 플랫칼라 달린 파란색 원피스차림의 최공주 의상이 돋보였다. 저녁식사 후 방에 가서 보고서 작성하고 스승께 편지쓰기 시간이 있었다.

저녁 초대시간, 가볍게 한 이야기를 놓치지 않고 적은 공주의 엽서는 깜찍했다. 대학시절 교육학에서 배운 존 듀이의 'teaching is learning'을 학교현장에서 실감하게 되었다. 교육은 일방적이지 않다. 상호소통으로 시너지가 나는 일이다. 한창 자라는 학생들의 무궁무진한 아이디어와 열정을 모아 정돈하며 함께 발전하는 것이다. 발을 다쳐서 전체적으로 참여는 다 못했으나 오대산 소금강 계곡의 자연의 물소리 옥빛 물살, 하얀 포말도, 바닷가에서 나눈 자연과의 대화시간은 교사생활에 많은 도움이 됐다.

생활관 수업 전담으로 경기여고 부임 첫해는 빠르게 지나갔다. 1학년 겨울방학 시작 무렵 학생들의 엽서가 도착했다. 공주의 엽서다. "선생님 너무나 너무나 오랜만이죠? 그동안 절 잊어버리셨나요? 안 그러셨겠죠? 저는요 선생님을 뵐 때마다 바다가 생각나요. 그리고 그곳에서 있었던 일들이 막 생각이 나요. 그래서 이상한 아쉬움 같은 느낌이랑, 낭만 같은 걸 느껴요. 기억나세요? 그때 저희가 선생님께 초대만찬에 대해서 물어 보았더니, 선생님께서 직접적인 말은 안 해주시고, '있잖아, 여자가 쇼핑 갔다가 오거나 그랬을 때, 남자가 요리 같은 거 해놓고 기다리고 있으면 그지 참 괜찮을 것 같지 않니?'라고 하셨죠. 우린 그때 선생님께서 무슨 말씀을 하시는지 잘 몰랐어요. 하지만 곧 알게 되었지요. 얼마나 나중에 저희들끼리 웃었는지. 하략."

오래전 공주가 보낸 파란 엽서 한 장이 타임머신을 타고 오대산 소금강 계곡으로 산행하는 가상현실이 된다. 푸른 바다도 따라온다. 초롱초롱한 여고 1학년의 풋풋한 아름다움에 빠진 경기여고 교사시절이었다. '선생님하면 바다가 생각난다'는 최공주의 파란 글씨 한 줄은 나에게 조용한 기쁨을 선물했다. 백신보다 큰 선물, 지금쯤 어디서 무얼 하고 있는지 보고프다. 공주야 사랑해.

자화상 그리기

어느 날 거울 속 나를 유심히 바라본다. 처진 눈꺼풀, 한쪽은 시선이 불안정하다. 코는 높이가 있고 그나마 마음에 든 것은 입술이다. 윗입술은 가느다랗고 아랫입술은 동그랗게 그려진다.

내가 좋아하는 빈센트 반 고흐의 자화상에는 날카로운 듯 하나 정직하게 그려진 얼굴이 많다. 여러 가지 색들로 음영을 표현한 것을 더 좋아하는지 모르겠다. 반 고흐의 '영혼의 편지'에서 읽은 일화이다. 실제로 어느 부잣집 딸 생일에 초대를 받고 얼굴을 그려달라는 아버지의 부탁으로 붓을 잡은 화가는 욕심 많은 돼지가 살짝 연상되는 소녀를 그려주니 화가 난 아버지는 그림 값 대신 욕을 한 바가지 퍼붓고 화가는 쫓겨난다. 외모를 그린 것이 아니라 화려한 의상 속에 감춰진 심성을 표현한 후기 인상파의 화가로서 정직성도 배울 점이다.

나에게도 기억에 남는 자화상 선물이 있다. 막내딸이 보낸 자화상으로 파마기 없는 수수한 머리에 눈을 가느다랗게 뜨고 입술은 살짝 다물고 얼굴 전체에서 약간 부끄럼 타는 듯한 수수한 얼굴에 즐겨 입는 자주색 자켓과 베이지톤 바지 입은 모습을 어버이날 카네이션 대신 보냈다. 어릴 적 예쁜 옷을 좋아하더니 디자인 계열 대학을 나온 후 생활문구 회사 디자인부에 재직한 경력이 있다. 엄마 사진을 보고 그렸다고 설명을 적었다. 마음에 들었다. 조금 젊을 때 사진인가 보다.

처음으로 그려본 작가 프로필이 있다. 초임지 섬마을에서 자취할 때 소꿉 같은 밥상, 국자, 사탕 그릇과 함께 내면을 응시하는 듯한 카뮈의 프로필사진이 좋아 원고지 뒷면에 연필로 카뮈 자화상을 그려 허술한 벽면에 붙여놓고 가끔 바라보았다.

첫 부임지에서 자취할 때 초등학교 교사는 방값이 무료이고 중학교 교사의 방값은 500원이었다. 교사봉급이 정확하게 기억나지 않으나 음성 꽃동네 후원금을 1,000원 내고 있을 때 좋아하는 고흐화집(세계미술전집 12호)을 5,000원에 산 기억이 있다. 51년 된 화집이 지금도 책장에 버티고 있다. 60년 된

릴케 시집도 그 옆에 꼭 붙어 있다.

대학 졸업 후 교사생활 두 번째 학교인 P여고에서다. 지석태 교장선생님은 신설학교를 보살피느라 검게 탄 얼굴, 간편복을 입으시고 학교 전반, 젊은 교사의 어려움까지 조언해주셨다. 선량한 눈빛과 가벼운 미소를 지니셨던 다정한 교장선생님의 모습은 사진을 안 보고도 자화상을 그릴 수 있겠다.

커피와 노래, 그림 등 취향이 맞는 사촌동생과 이야기 하던 중 제일 먼저 그리고 싶은 얼굴을 생각해보니 알맞게 다정하고 행동이 민첩한 K교사가 떠올랐다. 실제 얼굴 그림은 그리지 않았으나 평생의 배우자가 되었다. 내가 부족한 노래 솜씨, 기계 다루기, 빠른 판단을 가진 선택 1호가 되었다. 평생 어려운 항해를 약속하는 배우자인데 걱정 없이 정하고 시작했다. 많은 가족과 정겨운 가족생활을 이어왔다. 조용하게 내려온 가족의 사랑이 세 자녀를 튼실한 나무로 자라게 했다.

뜨거운 여름이 한풀 꺾인 듯한 이른 아침, 베란다 동백나무를 바라보며 오래전 친숙한 이미지로 남겨진 분들의 얼굴 모습을 기억하며 그림 대신 우선 글로 자화상을 적어보았다. 여름이면 마음을 흔드는 분홍빛 배롱나무를 보며 치열한 매미소리를 배경으로 나의 자화상을 그려보아야겠다. 외모가 아닌 감춰진 심성을 그릴 수 있을지 반 고흐 선생께 물어볼까.

어떤 그림을 그리고 싶나요

포근한 날씨가 겨울답지 않은 날, 친구와 차 한 잔 하고 귀가하는 중에 시조집이 도착했다.

밝은 얼굴에 에너지가 넘치는 Y작가다. 해당화 꽃빛 띠지를 두른 듯 디자인한 책 커버가 마음에 쏙 들었다. 오래전 기억이 가볍게 나타난다.

2010년 초여름 소낙비가 많이 오던 날이다. 꽃분홍 점퍼와 흰색바지를 입고 이미지 연구소에 미학 강의를 듣기 위해 버스를 기다리는데 차는 오지 않고 갑자기 서점엘 가고 싶었다.

시내 영풍문고엘 갔다. 잘 진열된 서가에서 눈에 뜨이는 것이 오르한 파묵의 『순수 박물관』 1, 2권으로 좋아하는 작가

이기도 하고 책표지 상단에 꽃분홍 이름표가 있었다. 무언지 모를 끌림으로 책을 구입했다. 집에 와서 읽기 시작한 『순수 박물관』은 개인의 사랑이야기를 너머 터키의 정치, 경제 상황을 사진처럼 보여준 흥미있는 소설이었다. 책속의 내용을 그대로 담은 실제 박물관이 2012년에 개관한다고 하니 꼭 가보고 싶었다.

기억의 장면이 바뀐다. 서초이랑 모임 가는 길에 시간이 여유가 있어 근처 H백화점에 들러 구경하던 중 고급스런 침구가 발길을 잡았다. 연두 바탕에 꽃분홍 요술 꽃병과 뾰족 이층집 정원에서 구름을 보고 있는 엄마와 아이들이 그려진 침대 시트와 차렵이불이 백열등 아래서 빛나고 있어 낙점하고 구입했다. 예정하지 않고 산 그림처럼 아직까지 신선하게 느껴지는 침구이다.

집 가까이에 있는 의류구입점에 갔다. 그림전시 구경하듯 신상품을 보던 중 집어든 것이 형광빛이 가미된 꽃분홍 스웨터다. 색은 고왔지만 가을로 접어든 내 얼굴에는 안 어울렸다. 허나 어쩌랴. 밝은 색에 끌리는 걸 보니 마음으로는 아직도 4월의 신부였던 아주 옛날이 떠오른다.

진달래가 봄산을 물들이고 벚꽃이 화사하게 거리를 비출 때 세상물정 모르는 신부는 수학여행 기다리는 여고생 분홍빛 얼굴이었다. 결혼예식일 폐백드릴 때 연두색 삼회장저고리와 윤기가 자르르 흐르는 본견 꽃분홍 치마에는 작은 나비가 날고 있었다. 오래되고 낡은 앨범에서 환하게 웃고 있던 그 옛날 신부의 얼굴을 보면 꿈을 꾸는 것 같다.

꿈꾸기 시작은 중학교 미술시간 덕분이다. 불조심 포스터에 샤갈의 '눈내리는 마을'을 인용하고 학교창립기념 포스터에는 김영랑의 '모란이 피기까지는' 이미지를 보라색으로 표현하여 입상하기도 했다. 대학생활에서도 색채와 관련있는 의상, 무대장식, 염색 수예수업에 열중했다.

연두색매니아인 줄 알았는데 오늘따라 해당화 꽃빛에 빠져드는 것은 왜일까? 지금 어떤 그림을 그리고 싶은 걸까. 마음속 미술관에 새로운 작품소재가 등장한 모양이다. 이번에는 꼭 붙잡고 완성된 작품을 그려보아야겠다.

어제 선물 받은 '핑크카모마일 릴렉서'를 하얀 유리잔에 준비하면서 은근하고 슬프도록 화려한 해당화 꽃핀 바닷가 모래언덕을 그리워하고 있다.

선데이마켓에서

조용한 시간이면 빈 벽, 커다란 쿠션에 기대어 펜을 든다. 책장 위에 사과나무 조형물이 붙은 원통형 필통이 있고 그 옆에 날씬한 건축기사가 빠르게 걷고 있는 그림엽서가 있다.

책상 위에는 커피잔이 세 개나 밀려있다. 취향이 비슷한 막내딸이 선물한 그림이 있는 커피잔이다. 잔디밭이 있는 정원, 빨강 원피스에 하얀 앞치마 두른 금빛 머리 소녀가 빨강 곤충망을 휘두르고, 하늘색 원피스 입은 엄마는 꽃밭에 물을 주고 있는 평화로운 그림이다. 이른 아침 맑은 커피부터 시작해서 생각이 깊어지기 시작하면 아끼는 잔에 두 번째 커피를 부른다.

2019년 겨울, 막내딸이 사는 뉴질랜드에 갔다. 세 번째 방문으로 조금 친숙한 느낌이 들었다. 이곳에서는 가족끼리 나들이하기에 좋은 장소로 토요마켓이 있다. 집에서 키운 여릿한 채소, 가족끼리 만든 수공예품 등이 좁은 가게에서 재미있게 펼쳐진다. 기타 치는 사람, 즉석요리로 인기 있는 물소 표 샌드위치 등. 즐거운 표정의 시민들 옷차림도 볼거리다. 딸기 아이스크림이 인기가 있어 줄서서 기다리는 재미도 있다. 예쁜 옷가게, 책가게, 낡은 옷 파는 곳도 있다. 집에 오는 길에 검은 모래 해변에도 들러 아이들은 수영하고 나이든 어른들은 바다 구경, 사람 구경하는 재미도 있다.

주일 이른 아침이다. 허름한 가게에서 빛나는 작품을 발견하려는 듯 빈티지 가게를 서점 드나들 듯 구경하는 게 취미인 막내딸과 타카푸나 해변 가까이에서 하루 종일 열리는 선데이 마켓으로 향한다. 입구에는 집에서 키운 작은 화분들이 인사를 하고, 싱싱한 채소와 과일을 소포장해서 파는 화끈한 아줌마 가게엔 알뜰한 주부들이 붐빈다.

안쪽으로 가면 어두운 검정 옷에 가려진 눈이 크고 매력적인 여인이 진열한 은공예 제품이 있고 오래된 조리기구 등 온갖 접시들을 꺼내놓고 손님을 기다리는 노부부도 있다. 해물파전의 기름 냄새에도 손님이 모이고 금방 구운 옥수수 모양 빵도 신기하다.

오래된 낡은 옷들도 꺼내놓고 마술사 신발 같은 뾰족구두도 있다. 긴 드레스 입은 가수 지망생이 마이크 잡고 노래하고, 황야의 무법자 차림으로 기타 치는 중년의 콧수염 아저씨의 멋진 음색 앞에 즉석 팬들이 많이 모였다.

함께 간 막내는 이어링과 은반지를 고르고 나는 옛날 건물과 마차가 있는 접시 그림을 두 개 고른 후 시장 구석구석을 다니다 보니 2센트 가격이 붙은 책만 파는 거리서점이 보였다. 그림책에 관심이 많은 나는 두꺼운 외국어 서적은 지나치고 구석에 얇은 노트처럼 묶인 화집이 보였다. 이탈리아 피렌체 출신 화가 지오토(1267~1337)의 그림과 해설문, 대표 그림 몇 점이 보였다. 정신이 번쩍 들었다. 화집 안쪽에 친구에게 보낸 편지글도 있는 50년도 넘은 책자였다.

보물 만난 듯 구입했다. 표지화는 지오토의 'MADONNA AND CHILD IN GLORY'였다. 신비감이 짙은 청회색 망토와 흰 블라우스는 성스럽고 우아했다. 어린 예수를 안고 있는 성모 마리아로 고딕식 비잔틴 문양의 제단 위에 천사들의 경배를 받고 있는 성당 안 제단의 모습이다. 누렇게 변한 듯한 코팅된 서책이 평안함을 준다. 이 그림책을 보면서 언젠가 찬찬히 살피면서 글을 써보겠다 생각했었는데 2년이 지난 오늘에야 만난 것이다.

화가 지오토의 유년 시절은 아버지의 양떼를 돌보며 쉬는 시간에 날카로운 돌멩이로 바위에 양떼를 그리는 게 유일한 취미였다고 한다. 이 소문을 듣고 당시 저명한 화가 치마부에(1240~1302)가 부모의 허락을 받고 도제 교육을 시작할 때가 지오토 10살이었다. 조금 커서 스승이 그림에 배경을 부탁했는데 장난기가 발동하여 파리도 그려놓고 모른 척했더니 스승 치마부에는 실제인 줄 알고 한동안 허둥거린 일화도 있었다.

점점 실력이 쌓인 지오토는 스승 치마부에와 다른 각도로 중세의 경직된 인물배경에 생동감을 불어넣고 그림에 원근법을 도입하여 입체적인 공간감과 자연묘사를 하고 그림 조각 등에 새로운 바람을 일으켰다.

새로운 성당을 건축하며 장식할 화가를 찾던 중 지오토는 오른손을 옆구리에 붙이고 나침판처럼 완벽하게 원을 그려서 제출했는데 궁정 측이 받아들여 성당 제단화를 맡겼다고 한다.

훗날 자화상으로 유명한 램브란트(1606~1669)는 자신의 자화상 배경에 원을 두 개 그린 작품을 선보이면서 자신이 지오토보다 뛰어난 화가라고 자랑할 정도로 지오토의 원그림 일화는 유명하다.

1305년 이탈리아 대학도시인 파도바에 있는 스크로베니 교회의 제단 벽화를 프레스코 기법으로 그린 지오토의 천재성을 당대의 문인 단테(1265~1321)도, 데카메론을 저술한 보카치오(1313~1375)도 극찬했다.

몇 해째 뉴질랜드 빈티지 가게를 구경하며 구한 것이 종과 접시그림, 레이스 제품 원탁보, 빨간 미니노트 묶음뿐이었는데 오랜만에 만난 옛날 화가의 화집은 나를 대학 시절로 돌아가게 했다. 색채에 대한 호기심이 다시 샘솟는 것 같아 즐거움이 생겼다.

어릴 적 호기심은 언젠가는 다시 살아나는 것이 신기하다. 끊임없이 구하면 얻을 수 있다는 게 증명되어 기쁘다. 인간은 무엇인가를 찾고 구하고 사랑하며 새로운 것을 향하여 나아가는 것이 생명의지인 셈이다.

혼잡한 이국의 선데이마켓에서 만난 고화집은 나에게 초록 꿈을 안긴다.

당신의 새벽

새벽 창가에서 바라본 작은 불빛은 미지의 신호다. 어제보다 많은 불빛에 안도한다. 많은 집들 중에 희미하게, 환하게 신호를 보내는 새벽은 약속한 친구처럼 반갑다.

멀리 교회당 붉은 십자가도 보이고 멋진 하늘은 숨어있다.

오늘은 식혜 한 모금 마시고 머리를 깨운다. 편한 쿠션에 기대어 모닝 폰을 만나고 있다. 창밖이 어둡다. 오늘 내가 그리는 풍경이 무얼까. 나를 지탱하는 것이 그리움인지, 창틀에 놓인 작은 화분 속 여리디 연한 키 작은 어린 식물인지, 해안선이 연상되는 유리병 속의 붉은 팥과 검은콩이 모래밭 사이에 드문드문 박혀있는 해변인지 모르겠다.

어느 날부터 집안의 물건들에게 정이 간다. 두 손 모은 분홍천사 조형물을 보며 정성을 모으는 모습이 보이고 오래된 갈색 바구니에 연분홍 꽃과 넓은 잎사귀는 가족처럼 느껴진다. 책상 옆 벽면에 붙여놓은 차소림 작가의 겨울 풍경 사진, 연둣빛 블라우스 입은 긴 머리 젊은 여성이 하얀 가방에서 빨간 표지 책을 꺼내고 있는 사진은 펜팔 친구처럼 웃고 있다.

2007년 베니스 비엔날레, 스위스 바젤, 독일의 카셀 도큐멘타 전시에 이미지 회원들과 미술 여행을 갔다. 세계적인 전시 풍경에서 새로운 작품들을 보고 신기하고 즐거웠다. 예전에 꿈꿨던 미술 전공 학생처럼 느껴졌다. 숲속에 있는 독일의 홈브로히 미술관은 은자가 살고 있는 명상센터를 닮았다. 독일 뮌스터 거리에 있는 설치 미술 작품 중 붉은 사과가 가로등 모양으로 높은 곳에 설치되어 신기했다.

일본 전통자수를 둥그런 나무 수틀과 함께 선보이고 푸른 파도 그림 위에 시를 수놓은 스웨덴 자수는 인상적이었다. 변화가 많은 유럽 날씨로 티셔츠를 몇 개 사서 껴입었던 일도 생각난다.

전시 팸플릿 중 10년 넘게 보관하여 책상에 두고 보는 카드가 있다. 6개의 단색화를 모아놓는 것 같아 생동감을 느낀다. 그 색은 파랑, 노랑, 자주, 청색, 분홍, 주홍이다. 나는 드로잉보다 패턴과 색채에 관심이 많다. 시간 여유가 있거나 뭔가 시들할 때 서점에 가서 책 고르기, 백화점에 가서 커피 잔이나 접시 등 구경하고 마음에 들면 한두 개 사온다.

남대문 떨이 시장도 돌며 특이한 색채의 옷을 구입하고 여행갈 때 입고 가면 옷의 나이는 제일 젊다고 했다. 문구류를 좋아해서 파란 볼펜을 타스로 사서 선물하기도 한다. 봄빛이 좋아 진달래 빛 노트를 한 묶음을 산 적이 있다.

새벽 창가에서 새벽하늘 보고 새벽 동네 친구인 창가 불빛 수도 헤아리고 모닝 노트 쓰는 걸 좋아한다. 조금 밝아지면 커피 한 잔 가지고 책상으로 간다. 오래전 꿈들이 늦게라도 이루어지는 걸 보고 꿈은 오래도록 품고 아끼는 것이 중요함을 느낀다.

꿈은 발견이다. 햇살 무늬로 오고 호박색 그리움으로, 푸른 빛으로 온다. 눈 오는 날 맑은 공기로 오고 검은빛과 흰빛이 어울리는 입 다문 동상 등으로 이루고 싶은 작품을 보여준다.

그리움의 원형을 찾고 있는 나에게 내일 새벽은 무슨 빛으로 나타날까. 잡힐 듯 보여주는 다채로움이 기다려지는 초가을이다. 새벽은 나를 응원한다.

마음에 색칠하기

어릴 적 좋아하는 일은 도화지에 색칠하기와 크레파스로 학습자료 만드는 일이었다. 초등학교 4학년 때 사회과 요약정리를 커다란 모조지에 색스럽게 정리해서 발표했던 일이 기억에 남는다. 친구 중 글짓기도 잘하면서 그림도 잘 그리는 인희는 하얀 피부와 새침스런 모습이 인기가 많았다. 초등학교 4학년 담임 이 선생님은 내 이름을 예쁘게 적어주시고 늘 인자하게 웃으셨다.

6학년 담임 박종국 선생님은 환경미화에 힘쓰셨다. 특히 표어 '인내는 쓰나 열매는 달다'라고 제작하신 녹색 글씨는 지금도 선명하게 떠오른다. 졸업선물로 책도 주셨다. 순천여중 입학시험 예비소집일에 교정에 있는 그네를 타고 있는데 공부한 것 잊어버린다고 그만 타라고 하셨던 말씀도 생각난다. 열성이신 담임 덕분에 좋은 성적으로 입학하여 즐거운 중학교 시절도 보냈다.

여중 2학년 때는 국어 시간과 미술 시간을 좋아했다. 국어 교과서에 나온 시나 시조 옆에 그려진 삽화에는 벚꽃이나 초가집, 도자기 그림이 많았다. 미술 시간에는 도안과 포스터 그리기를 좋아하고 색칠하기를 즐겼다. 교내외 포스터 그리기 응모에 입상하여 친구들의 부러움도 샀던 기억이 있다.

외갓집에서 보낸 유년 시절이 나에게는 전성기였던 것 같다. 많은 가족과의 생활은 성장하면서 오랫동안 자양분이 되었고 수채화 그릴 때 사용한 팔레트에 짜놓은 물감처럼 다채로웠다. 외갓집에서 함께 살았던 큰외숙모의 녹색 골덴 바지, 이모가 입으셨던 팥색 유똥 치마, 엄마의 수박색 불란서 망사 치마 등 가족을 기억 하는 데는 입은 옷 빛깔이 상당 부분 차지했다.

여고 시절 친구의 기억도 옷 빛깔과 연상작용이 대부분이다. 광주 전남여고에는 지방 출신을 위해 기숙사가 있었다. 강진, 해남, 순천, 목포, 영산포 등에서 모인 기숙사 친구들은 유대감이 컸다. 엄격한 사감선생님의 지도로 부모님은 안심하셨고 자유 외출은 일요일에만 허락되었다. 기숙사에서 사복으로 한복을 입는 친구도 있었다. 원희는 미색 저고리에 녹색 치마를 즐겨 입었던 눈이 크고 생각이 깊은 예민한 친구였다.

60년대 여고 가사 시간은 재봉시간이 많았다. 실내복 만들기, 블라우스, 플레어스커트 등도 만들었다. 기숙사 후배 중 야성미가 흐르는 화연이는 검정 광목에 자줏빛 하트를 아플리케로 수놓은 플레어스커트를 입고 챙이 넓은 모자를 쓰고 외출하곤 했다. 그 당시 영화 '초원의 빛'이 절찬 상영 중이었다. 영화 속 여주인공의 모자가 유행했고 내 또래 여고생들이 좋아한 워렌비티가 입은 청자켓도 생각이 난다.

고2때 담임 과목이 독일어다. 작은 키에 자유스런 제스처로 실감나는 발음 드루히(durch)를 설명했던 선생님이 생각난다. 머리가 좋은 영암 출신 친구의 파격 행보도 떠오른다. 방학과제 노트 한 권에 특정 교과 선생님의 수업 시 모습을 그려온 것이다. 그 시절에 일본소설 『빗속으로 사라지다』가 인기였다.

하루에 10시간씩 피아노를 공부했던 친구는 음대 교수가 되고 수학박사 재은이는 물리학 교수가 되어 동문에서 이름이 났다. 학생회장으로 활달했던 숙이는 사범대에 진학하여 도덕 선생님이 되어 웃을 때도 조용한 모습으로 변했다. 지금은 검도를 하고 있다며 자세가 바르고 옛날 모습으로 돌아간 것 같다.

오래전 일들이 그림책 펼치듯 생각나는 것도 신기하다. 삶의 자락마다 마음에 색칠이 되었는지 즐거웠던 순간들이 선명하게 다가온다. 오래된 기억이 새로운 기억을 부르는 동짓달 새벽, 창가에 어둠이 가시고 엷은 아침 햇살이 인사를 한다.

빈 노트에 생각을 적고 옛 친구도 찾아보고 지금처럼 건강하고 따뜻하게 친구들과 손잡아 보는 일. 또한 힘 있는 색칠 공부시간이다.

시들지 않는 마음의 뜨락

조용한 봄날, 가족들이 외출하고 혼자서 창밖을 본다. 하늘은 연푸른색이고 엽서에 나온 듯한 조용한 건물들이 지붕만 자줏빛으로 빛난다.

밤사이 살짝 다녀간 봄비는 무심한 표정이던 언덕에 생기를 주고 갔나보다. 새봄에 발표할 공연준비로 온몸에 열기를 뿜고 눈빛까지 반짝이는 연극생도처럼 봄바람이 불고 있다.

노란 영춘화부터 매화, 산수유, 수선화 초록 잎까지 준비 완료된 듯하다. 봄꽃들이 오기 전에는 기다림으로 마음이 연한 분홍이다가 꽃들이 앞다투어 오기 시작하면 나도 모르게 연한 물빛 같은 마음이 된다.

조용한 주위에 조금씩 수양버들의 연둣빛을 앞장세워 나뭇잎들이 인사를 하니 마음도 바빠진다. 남녘에 사는 지인이 봄소식 전하면서 목련까지 활짝 피었다고 사진을 보냈다. 산수유까지는 반가웠는데 목련의 개화는 서운하다고 전했더니 왜 서운하냐고 묻는다.

"기다림이 적어져서요." 대답 하고보니 이상한 답일까 생각하며 기다린다는 것이 특정한 대상의 출현이 아니라 기다림 자체를 통하여 무언가 새로움을 형상화 해보는 마음 작용 같다.

어릴 적엔 시장 간 엄마를 기다리고 조금 커서는 아버지를 기다리고 학창 시절에는 멋진 친구를 기다리며 책 속의 멋진 신부님도 그려보고, 늦게까지 초록빛 소년도 기다려보았다.

눈보라치는 창가에서 흘러간 노래 부르시던 체육선생님, 하얀 눈이 펑펑 내리던 겨울, 수원농대 강당에서 약속의 의미를 예화로 설교하시던 잔잔하면서도 확신에 찬 김준곤 목사님, 오래된 풍경이 그리움처럼 어느 때라도 나타나는 것이 신기하다.

옛날을 그리워하고 다가올 날들도 그리워하며 살아가는 우리들의 마음은 오래된 창고 극장 같다. 잔잔한 호수가 되었다가, 튤립꽃 줄지어 피어있는 정원도 되고, 간이역에서 막차 기다리며 노을빛 들꽃 한 송이 쥐고 있는 모자 쓴 화가의 가는 손, 헤어진 친구 생일에 새 음반 발표한 체형 좋은 여가수의 슬픔이 깃든 음색은 전류처럼 흐르는 위로가 온다.

열아홉 개의 각기 다른 운동화를 수집한 우리집 대표 아트 학생은 미래의 꿈을 미리 펼쳐 보인 듯하여 변화로운 심상을 보면서 신선함도 느낀다. 어릴 적에 백설공주 공연 포스터 앞에서 눈을 반짝이며 사진 찍었던 게 생각이 났다. 오래전부터 다채로운 것을 좋아한 내력이 아빠를 닮았다.

일찍부터 시력이 약해 안경을 쓰면서 생긴 습관이 있다. 자세히 보는 대신 입고 있는 의복 색으로 상대방을 기억하고 느낌으로 상대방의 계절을 정해 보는 것이다. 옛일들을 기억해내는 것도 의복 색이 대부분이다.

별 특징이 없는 내게 의상 점검반, 색채전문가 하며 별칭이 조금 붙었다. 내심 즐기는 나의 취미이기도 하다. 초임지에서 같이 근무한 영어전공 B선생의 연구발표회 때 입은 의상이 녹색 원피스였다고 말하니 본인도 깜짝 놀라는 일이 있었다.

오랜 직장생활로 친구모임이 많은 편이다. 모임 날 산뜻하게 입고 온 친구에게 의복 인사는 나의 차지다. 어느 날은 입 다물고 있었더니 누구 하나 꺼내지 않는다. 새 옷은 나에게만 특별하게 보일까. 서로 반기는 알맞은 의상 점검은 계속 해야겠다. 작은 기쁨을 나누는 일이니까.

화려한 장신구가 어울리는 Y선생은 흔하지 않는 귀한 초록의 긴 코트를 입고 나타나서 박수를 받았다. 작은 체구에도 검정 옷이 잘 어울리는 K선생은 검정 비로드 투피스에 자줏빛 모자를 쓰실 때는 정말 멋지다. 이렇게 적고 보니 마음으로 보고 느끼며 상상하는 마음 마니아가 됐다.

마음도 계절 따라 옷도 바꿔 입고 연극무대, 콘서트장, 기억의 사진관, 명품 일기장으로 변한다. 올봄에는 남쪽으로 여행 가고 싶다. 후박나무 곁으로 가신 맑고 향기로운 스님 그리며 말이 적은 친구와 그곳에 가고 싶다.

불일암 지키는 오래된 의자도 만져보고 템플스테이 시작했던 송광사 가까이서 냇물 소리도 듣고 싶다. 꿈이 많던 어린 시절 염소와 사진 찍던 순천 매산등에도 오르고 별처럼 예뻤던 친구의 이름도 불러보고 싶다. 조용한 봄날 가만히 찾아가는 시들지 않는 나의 뜨락에 단발머리 소녀가 있다. 마음은 무한대이며 제2의 자연이다.

4.

도시 속의 섬

숨겨 논 보석

조용한 시간이면 빈 노트를 펼치고 오래된 『현대문학』지를 찾는다. 누렇게 변한 종이마저 친근한 지인을 만난 듯 반가워하며 나도 모르게 고 유경환 시인의 『변주교향곡』 중 「오음계송」을 다시 읽고 최종태 교수의 단순하면서도 힘 있는 삽화를 마음 깊숙이 감상한다.

어느 날은 옷 정리하면서 글감을 찾고 마음을 정돈하곤 한다. 오늘은 회색 옷에 집중이다. 진주알 같은 고급단추가 20개 넘게 달린 회색 셔츠가 있다. 오픈 주머니가 두 개 달린 무덤덤한 옷이지만 노랑, 분홍, 검정 티를 받쳐 입고 말이 적은 친구와 새벽기차를 타고 여행갈 때 입을 거라고 주문을 걸

어둔 옷이다. 상상할 때가 좋고 실제 상황이 와도 그 옷이 차례가 가지 않을지도 모른다.

오래전 유월에 시 동인들과 소풍 때 한 번 입었다. 겉에 입은 회색 재킷보다 속에 입은 연두색 티가 좋았던지 예민하고 활동적인 나비 시인이 연두색 꽃이 핀 나무 옆에 서라며 독사진을 찍어준 일이 있다. 옷빛과 관련된 추억은 오래간다.

가로수 길을 혼자서 구경하며 찾은 적이 있다. 신문기사 속 인물들의 특집 화보에 H대 의상과 CC끼리 유학 가서 디자인 학교를 졸업하고 귀국해서 가로수 길에 의상실을 개업한 아직은 많이 알려지지 않은 브랜드다. 시간이 있고 무언가 새로운 것이 그리울 때 혼자 찾아가는 코스다.

50대 초반에 전문대 수준의 의상과가 설치된 성동여자실업고등학교에 근무한 적이 있다. 의상과 건물도 따로 있고 전공교사도 7명이나 배치된 공립학교다. 내가 맡은 교과목 중 의복 구성시간 수업할 때는 과감한 시도를 좋아했다. 체크무늬를 즐겨 디자인한 학생은 혜진 체크로 의상실 이름도 정하고 붉은 산호를 복식에 불타는 무늬로 변용한 연조 학생은 명찰 제작에도 뛰어났다. 부끄럼 많은 송이 학생은 웨딩드레스 디자인에 탁월하여 대학진학 대신 웨딩숍에 바로 취업한 예도 있었다. 새로운 문화거리가 생기면 찾아보는 것도 의상과 수업의 연장으로 생각했던 것 같다.

실제 화보에나 나올 법한 실험적인 옷들을 제작한 가로수길 의상실에서는 구경만 할 뿐 내가 살 것은 거의 없었다. 예쁜 핑크빛 실크블라우스와 특이한 소재 망사 양말, 스카프, 티셔츠만 몇 점 있었다. 꽃무늬 원피스를 고르며 즐거워하는 젊은 연인들의 맑은 미소만 부러운 듯 구경하고 있었다. 미술관에서 전시 작품 구경하고 작품을 구입하듯 회색 개버딘 셔츠를 과감하게 선택하고 특이한 로고 반팔티를 구입했다. 새로운 문화거리를 혼자 자유로이 기웃거리며 마음이 가는 곳은 들어가 구경하고 특이한 소재나 디자인을 주의 깊게 보는 것을 좋아한다.

이름난 빵집에서 샌드위치와 호박 스프도 시켜 화덕이 보이는 작은 공간에서 이국의 정취도 느끼며 짧은 시간을 보내기도 한다. 거리를 지나며 새로 입점된 가방가게도 들어간다. 신문광고로 볼 때는 마음에 들었는데 실제 보노라니 붙여진 가격도 높았지만 예상했던 감각이 떨어졌다. 대신 집에 와서 「도시 속의 갈매기」 시조 한 수 건졌으니 보람 있는 나들이였다.

2010년에는 핑크에 꽂혔나 보다. 네모진 두툼한 플래너 수첩 표지색이 고급 핑크다. 서점에서 책을 고를 때에도 표지색이나 커버 디자인이 독특하면 구매의욕이 높아진다. 30년 지난 『현대문학』지 중 보관하고 있는 것을 보면 표지 디자인과 그림이 마음에 들어서 늦게까지 보관하고 있다. 수행 경전처럼 책을 펼치고 옛 문인의 글을 읽어 보곤 한다.

오래 간직한 연두 물방울노트, 녹색, 회색 노트가 있다. 문득 단색 옷을 좋아하는 친구가 생각났다. 어두운 초록과 오렌지색을 즐기고 모자부터 드레스 신발 가방까지 색을 맞추는 친구다. 머리는 올백이 어울리고 품성도 넉넉한 친구가 마음에 든다. 동지팥죽과 알배추 물김치 솜씨도 압권이다. 엉겅퀴꽃도 잘 그리고 할미꽃도 그리고 커피를 좋아한다. 영문학 전공인데도 채색화를 그리고 있는 친구는 여름에는 풀꽃을 그린 부채를 선물하곤 한다. 큰 키와 경쾌한 목소리, 웃으면 눈이 작지만 매력 있는 친구다. 모자와 긴 머플러, 팔찌를 즐겨 착용하기도 한다.

차곡차곡 쌓인 친구와의 정, 옷들의 반란, 거리의 가방점 등 영상 이미지가 나에겐 보석이다. 그중 빈 노트에 그려진 그 시절 흔적 몇 개를 사랑한다. 옷장 속에 말없이 기다리고 있는 무채색 배우들도 언젠가 빛날 보석이다.

새벽안개가 사라지고 가끔 새소리가 들린다. 숨겨 논 보석을 위한 응원인가.

도시 속의 섬

여름 휴가철이 오면 섬으로 떠나는 걸 그리워했다. 한적한 섬마을에서 아침 바다를 보며 모래사장을 거닐었던 초임지 학교에서 소꿉놀이 같았던 교사 생활, 학생들과의 풋풋한 교감을 다시 생각해 보고 싶었다.

모처럼 아들 가족이 휴가를 떠난 삼일 동안 혼자서 생활하다 보니 첫날 느꼈던 쓸쓸함이 조금씩 엷어지면서 오롯이 상상의 날개를 펴는 하루 동안은 생각보다 행복했다. 오래전 초임교사 시절이 눈앞에 나타났다.

시외버스를 타고 찾아간 여주여중·고의 교정과 교사 뒤편 언덕에서 바라본 남한강변의 하얀 교각, 그 아래 흐르는 강물은 시시각각 다른 얼굴을 보여주고 있었다. 학교 앞 하숙집 울안에 감나무와 차가운 물을 쏟아내는 펌프질 소리, 한 방에서 생활하던 초등교사의 친절한 모습이 떠오른다.

같은 학교 교사인 피죽선생의 초롱한 눈과 분명한 말씨는 과학선생다웠다. 편한 음성을 지닌 가정과 정선생은 스타일이 멋있었다. 작은 몸집에 한복이 잘 어울린 김선생의 유부초밥에 미나리를 묶어 선보인 가사실습은 뛰어났다. 교내 교사 배구시합에서 강서브를 날린 봉선생은 인기가 많았다. 시험감독을 같이한 채선생은 답안지 철 위에 교사명을 적을 때 내 이름을 예쁘게 적어주셨다.

맡겨진 강사 시절 1개월은 빠르게 지나고, 69년 11월에 정교사로 발령이 났다. 옹진군에 있는 용유중학교이다. 하인천 연안부두에서 2시간 가다가 작은 배로 옮겨 타고 용유도 선착장에 내렸다. 울타리도 없는 작은 학교는 쓸쓸해 보였다.

전교생이 180명이고 교사는 10명이었다. 교사1인 담당과목이 2~3개다. 전공 외에 미술, 음악, 도덕을 맡은 적이 있었다. 도덕은 교양과목 수준이고 미술은 호기심이 많아 수채화, 목공예, 데생 등 다방면으로 힘썼다. 문제는 음악수업이다. 우선 이론수업으로 진도를 나가고 있는데 흑기사가 출현했다. 초등학교에서 중등으로 오신 정바다 선생이 부임하셨다. 내가 한 달 전에 인사 받은 대로 "반갑습니다." "환영합니다." "음악을 맡아 주세요."라고 말씀드렸더니 정다운 미소와 함께 수락하셨다. 학교 풍금이 주인을 만난 듯 학생들의 음악시간은 날개를 달았다.

1970년 3월, 1학년 담임을 맡았을 때 즐거움이 많았다. 남녀합반으로 반장 이천배의 순수한 웃음, 물감자 이승주, 작은 키 장환춘의 어른스런 말솜씨가 뛰어났다. 문연수, 계원의 학생과 함께 조개껍질로 시간표도 만들고 말린 가오리로 향토관을 꾸몄다. 국민교육헌장, 교사의 실천 등 향토산물을 이용하여 열심히 꾸몄다. 방과 후 시간은 100미터 선수처럼 빠르게 지나갔다. 창밖에 노을이 어른거리면 부지런히 퇴근을 하곤 했다. 귀가 길 논물에 비친 노을은 장관이었다. 명화 보듯 한참 서 있다 가곤 했다.

뻐꾸기가 우는 봄날, 특별 교실에서 3학년 수예 수업시간은 즐거웠다. 볼이 불그레한 귀임이, 진달래 빛 꽃무늬가 있는 테이블크로스 수놓기 시간에 숨죽이며 한 올도 틀리지 않으려고 고개를 들지 않고 수업에 열중하던 옥현이의 모습이 그립다.

여름이 오기 전 특별 활동시간은 야외학습도 했다. 학교 앞 바닷가에 가서 돛단배도 그리고 술래잡기도 하고 바위틈에서 게도 잡아오는 학생도 있었다. 집에 가져가서 다음날 볶음요리로 가져오는 여학생도 있었다. 멀리서 구부러진 소나무들도 우릴 보고 부러운 듯 웃는 것 같았다.

일요일 교회 가는 길에 멀리 수수밭에서 키 큰 수숫대가 모래바람에 나부껴 큰 동작으로 허리 굽히며 인사하는 모습은 반 고흐의 그림처럼 인상적이었다. 훗날 수수문학의 탄생을 미리 알려준 것이었을까.

남녀 학생에게 인기가 높은 체육과 오선생님이 전근 가실 때 풍경이다. 부두 선착장까지 환송을 하는데 뱃고동소리를 여러 번 울려도 학생들은 움직이지 않고 여학생은 손수건으로, 남학생은 언덕에 올라가 배가 보이지 않을 때까지 모자를 흔들며 석별의 정을 아쉬워했다. 어려운 환경의 섬마을에 발령 받으면 울며 부임하고 정이 들어 울며 헤어지는 것이 섬마을 총각 선생님의 마음이다.

기억에 남는 것이 또 있다. 봄날 저녁에 밤바다를 밝히는 고깃배의 등불이다. 누군가에는 생업을 잇는 밤의 작업이고 누군가에는 그림처럼 감상하는 심리적 관중이 된다.

섬마을 선생으로 오지 않았다면 평생 모르고 지나쳤을 귀한 풍경이 많았다. 분홍빛 아침바다, 논물에 비친 노을빛. 해맑은 학생들, 소박한 학부모님의 따스한 배려 등 1년 4개월간 인간답게 살면서 정이 든 초임지 섬마을 용유중학교는 내 글쓰기의 마음 밭이 되었다. 밤새 철썩이는 파도 소리에 잠들지 못했던 풋내기 선생의 낙원 체험이었을까. 험지라고 외면당한 섬마을을 선택한 용기에 스스로 박수를 보낸다.

앙드레 지드의 좁은 문을 좋아했지만 다시 읽어야겠다. 나만의 길을 찾아가는 인생길을 가르쳐준 분은 누구일까. 매미 소리가 잦아지는 듯한 입추 지절에 오래전 섬마을을 상상으로 방문하는 글쓰기는 나의 멋진 휴가다. 가끔은 도시 속의 섬이 되어보면 어떨까.

푸른 꿈은 익어가고

미술시간을 좋아한 것은 어릴 적부터다. 초등학교 때 주전자, 꽃병, 화분, 책 등을 그리다가 인물화시간에 붉은 스웨터를 입고 교탁 옆 의자에 앉아 모델노릇을 했다. 잠깐이었지만 속으로 신기했던 기억이다.

중학교에 입학하고 좋아하는 시간이 국어와 미술시간이었다. 국어교과는 시, 시조시간이 좋았고 교과서에 그려진 삽화가 좋았다. 미술시간에는 크리스마스카드도 만들고 개교기념 포스터 그리기에서 교화인 목련화를 진하고 연한 보라색으로 표현한 작품이 장려상을 받았다. 영어 참고서 표지에 그려진 샤갈의 그림을 살짝 흉내 낸 불조심 포스터도 기억에 남는다.

말수가 적은 1학년 미술선생님, 쇼케의 상 닮은 머리를 선호하는 황토색 칼러 2학년 때 미술선생님, 그린 투피스와 그린 세무 하이힐까지 갖추어 보여주신 3학년 미술선생님의 기억이 새롭다.

1996~1997년 S여고에 근무할 때 도심에서 조금 떨어진 부암동 환기미술관에 가면 상설전시장에 있는 푸른색, 노란색의 무수한 점들로 그려진 그리움과 영원성이 느껴지는 그림이 있다. 대형 작품에 압도 되면서 파도가 넘실되던 섬마을도 그려보고 다가올 세계에 대한 무한한 동경에 빠지게 된다. 연필 스케치, 도자기와 매화, 새가 들어간 그림, 간결하며 향수가 느껴지는 김환기 그림에 친밀감이 느껴지고는 했다.

환기미술관 편집 매장에 들러 화가의 작품집과 화가 이니셜이 들어간 모자, 컵, 티셔츠, 가방 등을 한두 개 구입하곤 했다. 고향집에 온 듯 편하게 차를 마시며 숨을 고르는 시간을 가지기도 했다. 소박한 외출로 나를 만나는 시간이었다.

2017년 여름 이미지 회원들과 세계적 전시회장을 찾았다. 스위스 바이엘 파운데이션 미술관 전시에 갔다. 미술관 내부에서 본 외부풍경이 더 좋은 공간이다. 우거진 숲과 호수가 있다. 미술관 내부에도 복도가 있고 쉼터로 의자도 있어 푸근했다. 전시장 구경은 단색화가 눈에 띄었다. 노랑, 초록, 핑크

순으로 작품과 사진을 찍었다. 많은 이야기를 숨긴 단색화를 다시 생각하게 되었다.

스위스 바젤 전시회는 유럽의 미술품 소장가들이 선호하는 세계적 전시다. 분야별로 2천 점의 미술품이 전시되며 인구 20만의 스위스 바젤도시에 연간 200만 명의 세계 미술애호가들이 찾아온다고 한다. 우리나라의 코엑스에서 하는 KIAF(한국국제아트페어)와 비슷하다.

관심 있게 본 그림은 '리히텐슈타인'의 껌벅이는 눈앞에서 익숙하게 웃으며 섰다. 몇 군데 다니다 만난 작품은 서커스풍경처럼 붉은 우산을 쓰고 있는 가녀린 여인의 연보랏빛 스커트 입은 뒷모습이 끌어당긴다. 함께 구경한 H작가의 전매특허인 영수증 작품과 비슷한 것도 있었다. 변형하지 않은 원본 확대 그림이다.

더운 휴가철 전시장을 찾는 다양한 연령층의 사람들, 표정, 옷차림이 넉넉하고 자유롭다. 스포츠 못지않게 그림감상으로도 세계가 하나인 것처럼 느껴진다.

어릴 적 꿈이 이어진 것인지 국내외 전시장을 찾아 그림 앞에서면 나를 발견하고, 좋아하는 그림 앞에 가면 힘이 생긴다. 살아가는 힘이다. 오늘도 푸른 꿈이 익어가는 이미지 연구소에 가고 있다.

기억도 사랑이다

조용한 시간이면 창밖을 본다. 자줏빛 지붕과 작은 창들이 줄지어 있는 아파트는 한적한 여행지의 건물 모습이다. 해질녘 노을이 물들이면 쓸쓸한 뒷모습 보이며 산책하는 노철학자를 연상하게 한다. 안개에 가려진 새벽에는 이름 모를 새소리가 대신 인사하는 집 주위 풍경은 아름다운 기억이다.

동짓달 새벽이면 건너편 아파트 창들은 다양한 별빛마을이 된다. 연구실에서 흘러나온 어둑한 불빛, 밤새워 공부하는 입시생의 안경 너머 노란빛, 새벽 출근 돕는 젊은 주부, 원고지와 씨름하는 소설가 지망생, 신상품개발에 온 정성을 쏟는 패션인 등 새벽에 바라본 별빛마을은 행복을 주는 창조 모판이다.

주방 창 앞에 나란히 선 다섯 개의 다육식물화분도 단정한 여주인을 닮아 통통하게 자라고 있다. 갈색 커피 한 잔 들며 멀리 교회당 십자가도 살피는 주인은 동트는 아침을 기다리며 하루를 시작하는 기억을 만지는 시간이다.

새로운 곳으로 집을 옮길 때는 가구만 보였다. 옛집에서 가져온 장롱, 찻상, 수저집, 오래된 시계, 다리미, 커다란 백자 항아리, 카네이션 꽃 그림이 있는 수프 접시 등이다. 집에 조금씩 익숙해지니 주위가 보였다.

아끼는 아기동백나무는 큰아이 생일날이면 하늘에서 보낸 전령이듯 노란 수술 붉은 꽃잎으로 붉게 붉게 피어 가족을 응원했다. 가까운 지인에게 새해 인사로 동백 한 송이 사진을 보내면 가족인 양 모두 들 기뻐하셨다.

자녀들이 성장하여 자기 배우자를 만나 작은 꽃을 피우며 성실하게 살아가는 모습도 행복한 기억이다. 어린이날이면 엄마 집 아파트 운동 마당에 모여 그림도 그리고 피자도 먹고 게임도 하는 꼬마 독수리 오 형제였다. 세 자녀에 다섯 손자들은 신기하게 엄마 아빠를 닮고 재주도 조금씩 닮았다. 할머니 할아버지 닮은 점도 찾아보려고 애쓰는 못 말리는 할머니가 바로 나였다.

학창 시절부터 꿈꾸었던 글쓰기를 뒤늦게 배우기 시작하여 등단 후 책을 꾸미기 시작했다. 오랜 교사생활을 마치고 퇴임 기념으로 첫 수필집을 발간했다. 글들은 맞춤옷처럼 편하고 솔직한 심정이 그대로 담겨 있었다. 우리 집 희망이, 꿈이 많은 아이도 등장하고 시동생이 선물한 회색 옷 등 가족 이야기와 교사생활 중 초임지 섬마을 풍경, 의상과 수업 중 학생들의 별칭 지어 부르기, 이미지 교실 이야기다.

30여 편의 작은 기억이 첫사랑이 되었다. 오랜 교직생활 퇴임 후 내가 태어난 고향 강진에 시제가 있던 날 수필집 30권을 들고 참석했다. 그 옛날 카이저수염 할아버지와 초등학교 교사이셨던 젊은 아버지의 다정한 미소가 반기시는 것 같았다.

두 번째 사랑, 수필집이 오기까지 7년이 걸렸다. 연둣빛 사랑이다. 40여 편의 분신들의 표정을 살펴보니 노랑 책장에 얽힌 이야기, 선풍기 대신 청색 주전자 그림으로 바람 가져오기, 알록달록 그림엽서에서 행복 찾기 등 많은 날 들이 이미지들과 어울리며 흘러간 추억이다.

내가 좋아하는 차소림 작가의 '낯선 휴식' 표지화에는 한적한 바닷가를 찾는 붉은 코트 입은 주인공이 있고 멋진 녹색 붓질 사이에 삐에로도 있다. 책 안쪽에 멋진 연두색 삽화를 4점이나 그려주신 성춘복 시인님의 절묘한 풍경은 커다란 기쁨이다.

무심한 제자에게 연두(軟豆)라는 아호를 붙여주신 오창익 교수님의 넓고 깊은 가르침도 크나큰 기억이다. 밤하늘의 수많은 별들, 새벽 별들, 해거름의 따스함이 주는 기억은 나를 건강하게 하며 희망과 용기를 주는 사랑임을 늦게야 깨달은 요즈음이다.

앞으로 펼쳐질 물빛 같은 사연, 간이역 닮은 기억이여 어서 오라. 세 번째 사랑을 기다린다.

나에게 10월은 선물이다

가을은 나에게 희망의 날개를 가져왔다. 1969년 10월은 사범대를 졸업하고 처음 발 딛는 첫 부임지인 여주여중을 찾아가는 길이다. 시외버스 창밖으로 황금빛 들판이 지나고 남한강 물빛과 하얀 교각 아래 은모래가 반짝이는 여주의 추억은 단편소설의 한 장면이다.

한 달 동안 근무하면서 기억에 남는 일이 많다. 조리실습으로 김 선생님의 유부초밥, 수학여행 다녀온 2학년의 선물은 동해안 명물 건 오징어였다. 교내 배구 시합에서 명 서브는 정오봉 선생님, 영릉에 가서 한글날 백일장행사, 시험감독 중 답안지 묶음 표지에 교사 이름을 예쁘게 적어주신 선생님도 계시고 학교 앞 하숙집의 감나무 있는 수돗가에서 바라본 파란 하늘도 인상적이었다.

70년 10월은 수도사대 교정에서 펼쳐진 CCC(대학생 선교회)의 홈커밍 데이이다. 섬마을 선생으로 어렵게 참석했다. 나사렛 형제들의 열정 어린 신앙 자세에서 배울 점이 많았다.

교사생활하면서도 오랫동안 바라던 수필교실 문 두드리기는 2001년 10월 8일 여의도 동아일보 문화센터에서 시작을 했다. 그간의 대가족에서 벗어나고 아이들이 직장에 다니기 시작하여 저녁 시간을 낼 수 있었다. 일주일에 한 번 2시간을 할애한 나의 수필 교실 입문은 행복했다. 수필 농원에서 배움과 교제는 생활에 생기를 주었다. 자기 회수의 문학으로 과거를 돌아보고 현실에 바른 접목은 인간적인 문학의 세계였다. 학교생활. 가정생활에서 관찰력이 생기고 표현하고 싶은 의욕도 고양되는 등.

글쓰기는 자기를 돌아보고 주위에 따뜻한 시선을 보내는 인간적인 수양에 가깝다. 수필 공부하는 날이 기다려지고 조금씩 성장하는 느낌이 드니 즐거웠다. 『창작수필』에 '수예 시간'으로 등단도 하고 2007년에는 『꿈은 기다림이다』도 발간을 해서 퇴임 때 기념문집이 되었다.

수필작가인 K문우와 시조에 관심이 있어 배우기 시작한 날이

2012년 10월이었다. 2013년 『시조문학』에 등단하고 새로운 분야의 시조 공부에 매진하여 2018년 시조집 『푸른 꿈은 익어 가고』를 발간하였다. 내가 쓴 단시조의 순수한 내용이 마음에 든다며 서예 하는 문우가 시조를 붓글씨로 적어 같이 전시하자는 의뢰도 받았다. 철원에 있는 이태극문학관에서 시조문학 작품상도 받았다. 김준 교수님의 열정은 큰 배움이 되었다.

2016년 10월 6일 관악구 내 문화센터에서 시 창작반이 개설되어 시 공부를 시작했다. 릴케 교실 톡톡은 오래전부터 시에 관심이 있었는데 수필, 시조로 시작하여 시로 귀향한 것이다. 알듯 모를 듯한 분야이나 조심스레 접근하고 공부해서 2021년 시집 『우리 집에 영화관 있어요』를 발간해서 지인들은 놀랐다. 국문과 출신이 아닌 좋아하는 마음으로 20년을 줄기차게 열중할 수 있는 매력이 문학에 있다는 게 신기하다.

최근에 꿈은 이루어진다를 실감하는 일이 생겼다. 40년 가까이 교직생활을 하며 퇴임 후에는 강원도 한적한 곳에서 창의학교를 세워 글짓기교실 강사를 하고 싶다는 생각을 했다. 시 공부를 계속 5년 넘게 하고 있는데 수필 교실개설을 의논하는 일이 생겨 5월부터 자유로운 형태로 시작했다. 실험 기간이 끝나고 9월부터 정식으로 회원을 모아서 체계적이고 자유로운 문학 교실운영에 시동를 걸었다.

앞으로의 진행은 미지수이다. 그러나 퇴임 전에 꿈꾼 일이 15년 만에 실제 이루어진 사실에 내심 놀라며 꿈의 교실에 열심을 다할 생각이다. 실제로 내가 좋아하는 창작수필 문인회를 위해 멋진 창의학교를 운영해 볼 생각이다. 꿈꾸는 일이 이렇게 중요함을 회원들과도 나누어야겠다.

뜻을 세워 10년 이상 전념하고 계속 전문가의 길로 갈 수 있는 자신의 빛깔을 찾아가는 것은 예술가의 길을 지향하는 일이다. 행복을 찾아가는 길이라고 생각하며 시를 짓는 시인학교, 꿈꾸는 수필학교를 즐겁게 찾아가는 행복한 문인의 길을 걷고 있다.

10월은 나에게 큰 날개를 부여한 신의 한 수다. 꿈이여 영원하여라.

새벽에 만나는 첫 커피의 향기

새벽은 나를 꿈꾸게 한다.

작은 창 너머 서서히 사라지는 안갯빛 하늘 사이로 연분홍 눈화장한 듯 아침을 여는 하늘가 건물들의 윤곽선에서 이국의 정취를 느끼며 커피를 찾는다. 새로 산 커피 향을 음미하며 가을빛 커피에 마음을 연다. 추억의 창고서 영화필름을 찾고 있다.

외갓집 골목에서 이름 부르며 찾아오는 친구의 정겨운 음성과 손잡고 학교 가는 길은 꽃길이었다. 환경미화 시간에 담임 선생님의 요술 같은 솜씨에 놀랐던 일, 순정만화 닮은 친구에게 빠진 여중 시절, 자줏빛 릴케 시집 표지에는 눌린 시인의 얼굴 장식이 이채롭고. 부산 가는 여객선 선상에서 초등학교 교가를 휘파람으로 부른 하늘색 교복 입은 남학생의 옆얼굴이 어슴푸레하게 떠오른다.

눈 오는 날 '약속'이라는 이미지 설교를 간절하게 하신 김준곤 목사님과 나사렛 형제들, 특활시간 학교 앞 바닷가 모래밭에서 삼삼오오 모여 스케치북에 푸른 파도와 멀리 보이는 고깃배도 그려보는 시간은 영화의 한 장면이었다.

또 다른 영화 속으로 걸어 가본다. 이른 아침 나팔꽃들이 빠지지 않고 찾아와 인사를 하며 푸른 담쟁이넝쿨은 암벽등반 선수처럼 하늘을 향해 오르고 있다. 멋진 추상화를 연출하며 가녀린 빨판으로 회색빛 담장에 밀착하여 오르고 있는 식물 올림픽 은메달 소유자다. 마음이 허전할 때 산책이 주는 행복이다. 자연은 천 가지 방법으로 살아가는 법을 보여주고 있다. 우리가 무엇을 보느냐에 달렸다.

지난봄에는 진달래, 개나리가 우릴 웃게 해주고 철쭉이 춤추는 무희처럼 붉은 빛으로 얼마나 설레게 했는가. 오월이면 장미가 우릴 꼼짝 못 하게 했지. 겹겹의 순수로 쌓인 아름다운 모습은 한없는 상상의 나래를 꿈꾸게 하고 노들섬에 펼쳐진 하얀 마거릿은 순백의 영혼으로 우릴 행복하게 했다.

섬초롱꽃의 고개 숙인 모습에서 비밀스러움도 느껴보고 후

미진 곳에 핀 접시꽃 무리는 그 화려한 색으로 우릴 당황하게 했다. 계절마다 꽃들의 몸짓으로 우리에게 선물을 안기는 자연은 문학으로 가는 길을 안내하고 있었다.

우리 집 동백나무

옛집에서 가져온 낡은 화분에 푸른 잎 달고 있는 동백나무는 가족처럼 친하게 지냈다. 오래전 가까운 친구들과 보길도 여행 가서 작은 깡통에 모셔온 키 작은 동백이다. 다양한 취미를 가진 아이들 아빠는 꽃 가꾸기에 유난히 정성을 들였다. 하루 이틀 집을 비울 경우에도 화분과 꽃밭에 물 주기는 잊지 말라고 신신당부하며 잘 키운 동백나무다.

푸르던 시절에는 해마다 붉은 꽃송이로 가족과 지인에게 사랑을 전하던 열정 동백이 세 자녀의 결혼과 주렁주렁 다섯 손자 데려오기, 글쓰기 좋아하는 안식구에게 날개처럼 수필집, 시집도 출간할 수 있게 도와주고 꿈의 작업장인 밥 파스타,

정밀기계 다룬 아빠의 솜씨를 닮은 큰딸은 꿈의 공방을 만들어 놓고 오랜만에 휴면기를 원하였는지 이제는 무채색 나무로, 말 없는 눈빛으로 우릴 지키고 있다.

도심에서 벗어나 한적한 동네에서 넓은 마당에 꽃밭도 있고 강아지도 뛰놀고 노란 투망 그물도 걸쳐있는 빨랫줄, 우산 같은 토란잎도 한들거리는 꽃밭, 대가족이 오순도순 살았던 옛집의 추억을 보내고 새로 옮긴 학교와 가까운 관악구로 삶터를 옮겼다. 새 아파트는 남향집에 층이 높아 전망도 좋고 주변 환경이 친근감이 있어 고향처럼 살고 있다. 함께 온 우리집 토종 홑 동백도 걱정 없이 자랐다.

봄이 와서 작은 화분에 심어진 단풍나무의 새순이 연두 잎으로 인사하면 동백도 무거운 잎사귀 떨어뜨리고 보드레한 연두 잎새로 바뀌면서 얼마나 설레게 했는지. 그 사이에 잡초처럼 왕성한 줄기와 뾰족한 잎새만 있던 화분에서 연미색 꽃이 등불처럼 만개한 적이 있었다.

성장한 자녀들이 취직도 하고 멋진 배우자도 데려오기 시작했다. 가구도 가족이듯 숨 쉬는 식물도 든든한 가족이었다. 작은 자연의 눈빛이다.

동백은 늦가을부터 작은 꽃봉오리 맺으면서 기다림을 가르치고 조금씩 열려가는 꽃잎 속 비밀을 알게 하며 노란 수술까지 보여주는, 아기 동백의 순수한 아름다움에 우리는 얼마나 기뻐하였는지 모른다.

어느 해에는 이른 봄에 와서야 늦게 도착한 편지처럼 몇 송이 곱게 피었다. 주위 지인에게 조신한 첫 동백의 화신을 전달하면 탄성과 함께 고운 답신이 오고 서로의 안부를 나누는 가족이 되었다.

가끔 소식 전하는 지인 사이에선 우리 집 동백은 잊을 수 없는 꽃빛이라고 말한다. 붉게 핀 꽃송이가 어느 날 말 없는 낙화로 하얀 비닐 위에 홀로 앉아 있는 모습은 비감을 넘어 홀연한 의지로도 보였다. 잊지 않으려고 영상으로 옮기고 시작 노트에 옮기는 일도 있었다.

겨울 생일이 많은 우리 집에 동백꽃의 만개는 아빠가 오신 듯하여 반겼다. 꽃이 피면 가족의 초롱한 눈빛과 박수소리가 지금도 들리는 듯하다. 집안에 좋은 일이 일어나게 해달라고 기원하는 우리들 마음속 기도처는 동백을 바라봄이었다.

동백나무는 글쓰기 스승이다. 몇 해 전 6월에 시멘트처럼 단단한 몸통 줄기에서 아기 손처럼 연한 새잎이 나는 걸 보고 새로운 용기를 얻으며 동백나무의 줄기가 굵어지고 해마다 붉은 꽃송이를 피워내는 일이 얼마나 어려운 일이었는지 뼈저리게 느끼기도 했다.

옛집에서 가져온 작은 화분의 꽃과 나무들의 자람을 보며 부활절의 의미도 깨닫고 어려운 철학적 명제도 쉽게 이해가 된 적이 있다. 함께 생활하는 나무 가족의 말 없는 외침이 살아가는 교훈이 된다.

푸르던 잎들이 화석처럼 굳어서 매달려 있는 헐벗은 겨울 동백나무는 스무 해나 붉은 등불 보내준 말없는 지혜자, 사랑의 화신으로 햇빛과 물만으로 고운 꽃 피우더니 이제는 나목으로 우릴 바라보고 있다. 오색 물감 배인 물렁한 마음으로 지혜보단 마음 가는 대로 세상 물결에 섞이고 파도치라고, 천 개의 바람만 흠모하라고 눈감고 모든 걸 참아내고 있는 겨울 동백의 외침을 늦게야 조금씩 듣는다.

가까운 곳에서 찾아라, 자연의 소리를 붙잡으라는 나목의 외침. 겨울 동백이 남긴 사랑의 말을 듣는다.

마음의 고향

내가 태어난 곳은 전남 강진이다. 과수원을 하셨던 할아버지 댁에 셋째 아들인 우리 아버지는 전주사범학교를 나오시고 고향인 강진군 병영에서 초등학교 선생을 하셨던 다정한 미소를 지니신 분이다. 그림과 서예를 잘하시고 처가인 순천 외갓집에 가시면 어린 처제의 그림숙제도 도와준 친근함이 있으셨다고 80이 넘은 이모님이 그 시절을 그리며 말씀해주신다.

외갓집에서 장녀로 태어나신 우리 엄마는 전주에 있는 전북고녀를 졸업하셨다. 재학 중 체육대회에서 흰 티와 검정 블루머를 입고 머리띠를 한 모습은 풋풋한 여고생이다. 생물시간이 좋았고 수예반 활동 중 자수에 솜씨가 좋아 졸업 작품전에 인기가 있으셨다고 한다.

고향에서 태어난 손녀에게 복 있는 이름을 지어주신 카이저 수염 할아버지. 여름이면 하얀 모시두루마기를 입으시고 손녀인 나를 외갓집에 데려다 주실 때 근엄하면서도 자애로우셨던 모습이었다. 그 모습을 잊을 수 없다. 지금도 마음속 느티나무로 든든하게 살아계신다.

나는 어린 시절 외갓집에서 외할머니와 외삼촌, 이모의 사랑을 받고 밝게 자랐다. 외삼촌과 이모가 보던『현대문학』지를 중학시절에 접할 때에는 뜻 모를 삽화와 어려운 내용에 끌리기도 했다. 대가족에서 여유 있고 변화 있는 가족생활로 꿈도 키우고 가족 간의 배려도 배우게 되었다. 여고를 졸업하고 사범대학에 진학할 때부터 나의 진로가 정해진 것 같다. 가정과 과목 중 염색, 무대장식, 자수에 흥미가 있었다. 부모님으로부터 받은 DNA가 작용한 것이다. 교사채용고사 보러갈 때 엄마 손을 잡고 버스정류장 길로 가던 그 새벽 간절함도 어제인 듯 떠오른다.

경기도 여주여중을 시작으로 섬마을 용유중학교, 신설학교 정지작업이 안되어 빨간 운동화를 여벌로 가지고 다녔던 포천여중 시절, 퇴근시간 음악실에서 울려퍼지는 석양의 트럼펫연주는 로맨틱한 새내기 교사의 마음을 설레게 했던 고양중학교, 서양배우 닮은 바람머리 체육교사의 열정적인 학생지도로 활기 띤 적성고, 조각얼굴에 감성파 미술교사의 테니스바람 덕정중학교, 의정부여고 2학년 4반 담임 시절, 이선희 노래 'J'가 울려 퍼지는 6월의 수학여행 버스 안에서 모범생 영기는 환호를 보내며 헤어질 시간을 아까워했다.

회색빛 코트 입은 미모의 미술교사는 패션의 여왕이던 서울 태릉고, 경기여고 이학년 담임 16인의 교사가 이룬 기적 같은 교사생활 이환 실루엣, 송이의 웨딩드레스가 빛났던 성동여실고 의상과, 붉은 사루비아가 핀 교정에 더 뜨거운 교사간의 우정으로 20년이 되는 지금까지 잔잔한 우정을 잇고 있는 도봉상고, 보석처럼 빛나는 꿈의 전시를 펼친 서초고, 교무실 앞 붉은 단풍나무의 11월의 색은 신비한 자줏빛이다. 수학전공 선생님이 작사 작곡하여 교사 10인이 한 달 간 연습한 퇴임식 때 송별가는 이제 생각하니 금보다 귀한 사랑이다.

도봉상고 근무 중이던 2001년 10월 8일 여의도 동아일보 문화센터 오창익 교수의 수필교실 방문이 지금까지 이어온 수필사랑이 되었다. '수예 시간'으로 등단하기까지 매주 금요일을 기다리며 회원들의 작품발표를 듣고 조금씩 배워가는 감동 글쓰기는 살아가는 도정에서 새로운 눈뜸이었다.

2007년부터 이미지교실에 다니기 시작하여 10년 넘게 인

문학, 동서양 미술사, 삶과 연결되는 철학적 사유 등 새롭고 깊은 강의를 듣고 있다. 3년마다 열리는 일본 트리엔날레, 북경 아트페어, 스위스 바젤, 독일 뮌스터지방의 조각프로젝트, 이탈리아 비엔날레 등의 해외전시에 회원들이 참가하여 감상평을 나누는 귀한시간은 살아가는 힘이 되고 있다. 문득문득 그림에 조예가 깊으셨다는 아버지를 떠올리며 멀리 계셔도 연결된 듯 감사함을 느낀다.

2021년, 70번의 6월이 가고 찾아온 아버지 탄신 100년, 그 옛날 보드라운 어깨를 가진 6살 해방동이는 희수를 맞아 시집 『우리 집에 영화관이 있어요』를 세상에 선보인다. 강 있는 마을의 예쁜이야기 펼치는 이미지연구소 회원 차소림 작가의 표지화도 밝게 빛난다.

9월이 오면 작은 동백나무 숲이 있고 빗살무늬 주황색 토담이 정겨운 내 고향 강진에 가고 싶다. 젊은 아버지, 미나미 선생의 다정한 미소를 기억하는 초등학교 앞 느티나무를 만나러 가고 싶다. 태어난 강진, 외갓집 순천, 부모님의 학창시절이 깃든 전주는 마음의 고향으로 남아있다.

그물코처럼 연결된 사랑

조용한 시간이면 그림책 보듯 빛바랜 사진첩을 찾는다. 사진 속 아버지는 다정한 눈빛을 보내신다. 청자도자기와 영랑 시인으로 유명한 강진에서 초등학교 교원으로 봉직하실 때 교정에서 찍은 사진에는 재건복 비슷한 옷을 입으시고 한복 입은 여선생들과 함께하셨다. 그림과 붓글씨를 잘 쓰신 아버지는 강진군 병영 면장이셨던 카이저수염 할아버지를 많이 닮으셨다고 한다.

외갓집에서 맏딸인 엄마는 전북고녀 시절 수예반에서 수놓은 병풍이 졸업 작품전시회에서 우수작으로 뽑혀 교내소장품으로 남기셨다고 한다. 얼마나 멋진 솜씨였을까? 상급학교 진학을 원했지만 조모님의 뜻에 따라 강진에서 과수원하시는 할아버지댁 셋째 며느리가 되셨다.

엄마의 꿈같은 시간이 흐르고 어깨가 보드라운 여섯 살 딸아이의 재롱이 한창일 때 소박한 가족에게 먹구름이 왔다. 갑자기 닥친 전쟁의 포화 속에서 모든 것을 버려두고 자녀만 데리고 외갓집에 오신 것이다.

외갓집은 남쪽 소도시 S시에 번화한 거리에 있는 포목 도매상이었다. 큰 점포에 딸린 집에는 외할아버지를 모시고 열 식구가 살고 있었다. 외갓집에 유학 온 철모르는 아이는 매산등에 설립한 유치원에 입학한다. 자연 곱슬머리 원장님의 자애로운 미소, 하얀 저고리에 검정치마 입은 미인 교사님과 찍은 졸업사진은 아끼는 보물이다. 사진 속 선생님이 엄마의 여고시절 모습을 닮았기 때문이다.

여름방학이 오면 큰아버지 댁에 갔다. 저녁 먹은 후 평상에서 봉숭아 꽃물 들이고 이야기꽃을 피웠다. 세 살 터울 사촌오빠는 명문 남성중학교에 다니고 있었다. 깎아놓은 밤톨 모습으로 총명한 눈이 돋보였다.

큰엄마가 선물로 사주신 5학년 여자아이 원피스에는 오리모양 문양이 셋 있었다. 아플리케로 수놓은 것이다. 방학이 끝날 무렵 외갓집으로 돌아가는 기차 속에서 어느 어른이 "공부 잘하는구나. 2등을 많이 했네." 하며 웃으신다. 속으로 '아니요. 1등도 했어요.' 했다.

대가족 외갓집에서 함께 사는 큰외숙모는 음식 솜씨가 좋았다. 계란 물 입히지 않은 굴(석화)전이 반찬으로 나올 때는 바다향이 난 듯 맛이 있고, 다정한 둘째 외삼촌은 낚시도 즐기시며 음식솜씨도 좋으셨다. 무를 넣고 오래 익힌 물천어 조림의 붉어진 무는 황토 냄새가 밴 듯하여 별미였다.

동지가 돌아오면 큰 가마솥에 끓인 새알심이 있는 붉은 팥죽을 큰 옹자배기에 담아 대청마루 성주신에게 차려놓고 대가족이 먹을 때면 아이들은 나이수대로 새알심을 넣어주셨다. 음식 솜씨 좋으신 외할머니의 동치미 한 사발과 먹는 팥죽은 겨울철 별미였다.

가족 중 말수가 적은 넷째 외삼촌은 로댕의 '생각하는 사람'의 조각상을 닮았다. 서울 명문 K고등학교에 다녔다. 방학이 되면 모윤숙 수필집 『포도원』 안현필저 영어 참고서도 선물하고 많은 문학책을 가져오셨다. 그중에 수주 변영로의 「논개」 작품이 기억에 남았다.

전남 광주에 사셨던 부처님처럼 후덕하시고 의지가 굳으셨던 우리 고모는 조카를 사랑하는 마음이 찰밥과 토마토 화채, 고기볶음이셨다. 팥을 넣은 찰밥 누룽지에 설탕을 뿌려서 과

자처럼 만들어주시고 토마토가 나오기 시작하면 황설탕을 넣은 토마토 화채는 깊은 맛이었다. 여고 다닐 때 기숙사생활 중 주말 외출 나가면 누구누구 아짐이 가져왔다고 고기볶음도 많이 해주셨다.

외갓집에서 보낸 유년과 학창시절이 나를 키웠다. 많은 가족과의 생활, 큰 보살핌, 여유 있는 생활 그러나 마음 밑바닥에는 알 수 없는 기다림과 본향에의 그리움이 있었다. 아버지를 대신한 할아버지의 큰 사랑과 가르침으로 중심을 잡고 큰아버지, 작은아버지, 고모의 지극한 보살핌도 큰 몫을 했다.

그물코처럼 연결된 가족의 사랑이 나를 튼튼하게 키웠다. 어린 나무가 큰 나무로 일가를 이루고 다시 고향을 찾는다. 카이저수염 할아버지와 다정한 눈빛의 젊은 아버지를 기억하는 고향의 느티나무를 만나러 간다.

알이 남아있을까

- 소년의 관찰일지

의젓하고 말수 적은 가재소년은 어릴 적부터 그림에 관심이 많았다. 노란색을 좋아하고 초록기차도 즐겨 그리고 많은 책 중 고흐, 피카소 그림책을 꺼내보며 화가가 꿈이라고 말하기도 했다.

초등학교에 입학하고는 특공무술을 3년째 다니고 있다. 붉은색 힘찬 글씨체가 있는 통이 넓은 검정 무술 도복을 입고 얏! 하며 발을 높이 들고 민첩한 동작을 보이면 신기한 모습에 동생은 선망의 눈길을 보이곤 한다.

학교생활 중 관찰일지 숙제를 놓고 대상선택에서 나름 고민

하고 있었다. 베란다에 있는 동백나무를 처음 선택했다가 아무래도 어려울 것으로 생각했던지 다시 비교대상으로 새우와 가재를 택했다.

새우가 어느 날 자기도 딱딱한 뿔을 갖고 싶다고 하여 생긴 것이 가재라고 어느 책에서 보았다는 소년의 이야기를 듣고 자기에게 없는 것을 원하다 자신의 모양이 이상하게 달라지는 인간(우리들)의 모습도 얼핏 떠올라 관심을 갖게 됐다.

집에 작은 네모난 어항을 들여놓고 신기하게 보던 아이들이 언젠가부터 자꾸 보라고 했던 것이 가재였다. 고정적인 시선인 나는 익숙한 새우가 아닌 가재는 작은 괴물처럼 보여 건성으로 대답하고 슬쩍 보곤 했다. 아이들은 시각이 다른 것인지 자꾸 변하는 가재에 호기심을 보였다. 그 시간들이 모여 가재의 모습이 머리에 인식된 모양이다.

관찰일지 기록하는 첫날 형태를 그리는 난에 가재를 안 보고도 쉽게 쓱쓱 그렸다. 착한 새우 모양으로 눈을 선하게 그렸다. 더듬이도 2개를 길게 그리고 두 번째 그림에도 작은 변화를 주고 내용은 환경에 따라 가재의 색이 변한다고 적은 점이 신기했다. 관찰일지의 가재색이 푸르스름했다.

세 번째 그림에서는 새우가 아닌 가재의 모습이 뚜렷했다. 네 번째, 다섯 번째 그림에서 가재가 죽음을 맞이한 것을 적었다. 그림도 포인트가 있었다. 선한 눈, 또렷한 눈이 감긴 것이다. 눈 부분에 ×로 표시했다.

여섯 번째 적은 관찰일기 그리는 난에는 네모진 어항을 그리고 풀과 바위, 조개도 있고 물이 조금 남아 있는 것을 그리고는 설명은 놀라운 일을 적었다. 가재는 죽었지만 알이 남아 있을까봐 버리지 않고 어항에 물을 주고 있다고 적었다.

10살 어린 소년의 감성과 생명에의 존중, 그 나름의 배려를 적은 것이 어린애답고 배울 점이다. 어떤 과학책보다 실감나고 순수한 마음이 담긴 관찰일지는 오래도록 기억에 남을 것이다.

그리우면 바람이 분다

푸른 파도가 넘실대는 바닷가 풍경이 잔잔해지고 극성스러운 매미 합창단도 철수를 서두르는 경계선 날씨 9월, 이때쯤이면 알 수 없는 허전함으로 잊고 있던 남쪽 고향 마을에 시선을 모은다. 태 가른 자리가 있고 그리운 아버지를 알고 있는 고향 초등학교 앞 느티나무와 기와지붕으로 세워진 병영면사무소 2층에는 카이저수염 할아버지의 사진도 장군처럼 기다리고 계신다.

여름이 오면 모시 두루마기 입으시고 어린 손자 손녀들 데리고 목포 시내 구경도 시켜주시고 유달산에 얽힌 이야기도 해주시며 사진관에 가서 기념사진도 찍었던 때가 삼국시대처럼 그리워진다. 사진 속 할아버지가 가시고 정교한 모습으로 눈빛이 따스했던 노르스름한 고운 삼베 하복을 입었던 오빠도 가고 독일 과학자 모습으로 꼭 다문 입, 광선처럼 예리한 눈빛을 가진 사촌 동생도 이르게 우리 곁을 떠났다. 사진 속 생존 인물이 점점 사라지는 세월을 보며 함께했던 정겨웠던 시절이 새삼 그리워진다.

아끼는 사진이 또 있다. 유치원 졸업식 사진으로 인자하신 원장님, 엄마 모습 닮은 하얀 저고리와 검은색 치마 입으신 옆 가르마 긴 머리 선생님. 앞가르마 타신 눈이 동그란 웃는 모습 선생님 앞자리에 색동저고리와 멜빵 달린 모직 바지 입고 눈이 동그랗고 약간 웃는 단발머리 소녀가 있는 사진이다. 사진 속 아이는 걱정 없이 무럭무럭 자라고 있는 표정이다. 머리숱이 많지 않아 헝겊 리본 핀을 꽂을 때면 흘러내려 고개를 옆으로 하고 리본을 받치고 찍은 사진을 보면 웃음이 터진다.

어릴 적엔 바쁜 엄마를 대신해서 외할머니, 이모, 외삼촌이 보살펴주셨다. 학교 가는 일이 큰 즐거움이었다. 정다운 선생님의 가르침, 동네 친구들과의 친밀한 어울림으로 학교 숙제도 잘하고 친구들과 방과 후 팔방 놀이와 고기 잡기 놀이를 즐기다가 해가 질 때까지 땀 흘리며 놀았던 기억이 새롭다. 어느 날은 수놓기와 대바늘 뜨개질 배우느라 동순천 개울 건너 죽도봉 언덕에 살고 있던 또래보다 성숙한 친구 집에서 저녁까지 먹고 늦게 귀가하여 외삼촌에게 야단맞은 적도 있다.

남쪽 소도시에서 큰 포목상을 하셨던 외갓집에는 가족이 많았다. 큰 외숙모 작은 외삼촌. 외할아버지, 이모, 막내 외삼촌 등 열 식구가 넘게 살았다. 포목상 일은 엄마와 외할아버지가 맡으시고 큰 외삼촌은 공대 졸업 후 섬유 관계 직장 찾아 인천으로 가시고 작은 외삼촌은 할아버지를 도왔다. 운동, 천렵 등 다방면에 활동적이고 요리도 잘하셨다. 붕어찜, 스끼야끼도 잘하시고 작은 외숙모는 옷을 잘 만드셨다. 원피스, 속치마 등 체육복도 만들어 주셨다.

약간 어둑한 작은 외숙모 방에 연분홍빛 글라디올러스를 꽂아놓은 경대 위 꽃병은 지금도 기억에 남는다. 작은 외숙모는 여고 때 학도호국단 대대장도 하셨다며 슬쩍 자랑도 하셨다. 글쓰기도 잘하시고 말씀도 변호사처럼 잘하셨다. 중학교 때 학생회장 소견 발표문도 많이 적어주시고 귀여워해 주셨다.

2007년 첫 수필집 『꿈은 기다림이다』를 보시고 제일 먼저 호응해 주시고 격려해 주신 분이다. 화끈하셔서 정도 먼저 주시고 바른말도 먼저 하셔서 친족 중에는 불편해하신 적도 있다. 회혼례까지 하시고는 갑작스레 세상을 뜨셨다.

노란 호박단 저고리와 꽃 자줏빛 비단 치마를 입으시고 순천극장에 나들이 가시면 시내가 훤할 정도로 인물도 좋고 옷맵시가 좋았던 두 외숙모님도 그립다. 나이가 들면 추억으로 사는 것이 맞다. 조용한 시간에는 어릴 적 외갓집에서 보낸 생활이 무지개다리를 건너가는 소설 속 풍경처럼 펼쳐진다. 가을엔 고향을 그리워하는 바람이 분다. 아버지의 잔잔한 미소가 다가온다.